44

D0818298

BERCEO

CLÁSICOS CASTELLANOS

BERCEO

MILAGROS
DE NUESTRA SEÑORA

NOVENA EDICIÓN

EDICIÓN, PRÓLOGO Y NOTAS DE ANTONIO G. SOLALINDE

ESPASA-CALPE, S. A.
MADRID, 1978

ES PROPIEDAD

© Espasa-Calpe, S. A., Madrid, 1922

Impreso en España
Printed in Spain

———

Depósito legal: M. 7.418—1978

ISBN 84—239—3044—0 (Rústica)
ISBN 84—239—3344—X (Tela)
ISBN 84—239—3644—9 (Piel)

Talleres gráficos de la Editorial Espasa-Calpe, S. A.
Carretera de Irún, km. 12,200. Madrid-34

PRÓLOGO

De la vida de don Gonzalo de Berceo sabemos poco, pero lo suficiente para situarle en una época determinada y en una región precisa, para conocer su menester diario y sus sencillas inclinaciones.

Él mismo se encarga de decirnos en sus obras que nació en Berceo, pueblecillo de la Rioja, que de este pueblo tomó su nombre y que en San Millán se educó [1].

---

1 En la copla 489 de la *Vida de San Millán*, dice:

"Gonzalvo fue so nomne qui fizo est tractado,
en Sant Millan de suso fue de niñez criado,
natural de Berceo, ond Sant Millan fue nado."

Repite su propio nombre en la *Vida de Santo Domingo*, copla 757:

"Yo, Gonzalo por nombre, clamado de Verçeo,
de Sant Millan criado, en la su merçed seo";

y vuelve a indicarlo en varias ocasiones: *Milagros*, 2, 866; Santo Domingo, 109, 775. Para la significación de la voz *criado*, discípulo, véase *Milagros*, 354. El pueblecillo llamado Ber-

Y lo que él no nos dice lo sabemos por varias escrituras notariales. En ellas aparece el nombre de Gonzalo entre los de los testigos [1]; vemos

---

ceo pertenece hoy a la provincia de Logroño y a la diócesis de Calahorra; véase MADOZ, *Dicc. Geográfico*. Se ha publicado una vista de ese pueblo en *Arte Español*, 1915-16, pág. 365. No hay que tomar en consideración, como algunos lo hicieron, entre ellos AMADOR DE LOS RÍOS, *Historia crítica*, III, pág. 238, el *Loor de don Gonzalo de Berceo*, que en un rato de solaz compuso Tomás Antonio Sánchez, embriagado con el sonsonete de la cuaderna vía y entusiasmado como lo estaba con el poeta riojano, al que indudablemente dedica mayor cuidado que a los demás que edita. La introducción y las notas con que acompaña Sánchez la edición de este *Loor* (*Colección de poesías castellanas anteriores al siglo XV*, tomo II, págs. 465-473) no dejan lugar a duda, si no bastase la lectura de sus 44 estrofas, de que se trata tan sólo de una inocente superchería. Claro que nada añaden a lo que Sánchez nos comunica en sus prólogos. Fué impreso también este *Loor* por OCHOA, *Colección de los mejores autores españoles*, tomo XX, 1842, y por JANER, *Biblioteca de autores españoles*, tomo LVII. que son, como se sabe, meras reproducciones de las ediciones de Sánchez; como curiosidad no está mal poner este *Loor* junto a las obras del poeta.

1 El estudio de estas escrituras fué hecho por fray Plácido Romero, del monasterio de San Millán; sus resultados fueron publicados por SÁNCHEZ, III, págs. XLIV-LVI, en adición a lo que ya había adelantado en el tomo II, pág. IV. Pudo consultar el padre Romero, en uno de los libros becerros del citado monasterio, la copia de tres escrituras de los años 1220, 1221 y 1222; dos de ellas certifican que ya en 1221 era diácono, "y siendo preciso que para serlo tuviese, por lo menos, la edad de veinte y tres años, resulta que su nacimiento se ha de poner en el año 1198". El padre Romero consultó además otras escrituras originales; en una de 1237 firma Berceo entre los prestes de su pueblo; en otra, latina, de 1240, entre varios clérigos seculares; en otra de 1242, entre los clérigos de Berceo, y sigue a su nombre el de "don Juan so ermano", y en una de 1246 se le añade también la denominación de preste. Finalmente, en un documento de 1264 se alude a un testamento

que coincide exactamente con el que se da en sus
obras: don Gonçalvo de Berceo [1]. Vemos que debió
nacer a fines del siglo XII y deducimos que mori-
ría bien mediado el siglo XIII, pues nos cuenta que
al escribir una de sus obras se encontraba ya viejo:

> Quiero en mi vegez, maguer so ya cansado
> de esta santa virgen romanzar su dictado [2].

Sabemos que fué clérigo, aunque es difícil pre-
cisar si pasó su vida en el monasterio de San Mi-
llán o si tan sólo perteneció al clero de Berceo;
pero esto, más bien, es lo que se deduce de la lec-
tura de algunos documentos [3]. De todos modos,

---

antiguo que, según el padre Romero, debe fecharse entre 1236 y
1242, y en el que figuraba Berceo como "maestro de confesión" y
"cabezalero" de un tal Garci Gil. La erudición moderna no ha
sido muy feliz en nuevos descubrimientos; ha publicado mejor las
escrituras de 1237, 1242 y 1246, y ha encontrado uno más en
el Archivo Catedral de Calahorra, del año 1228, en que firma
también Berceo. Véase MENÉNDEZ PIDAL, *Documentos lingüís-
ticos de España*, Madrid, 1919, tomo I, documentos núms. 87,
91, 94 y 95, que fueron reunidos para esta colección por el señor
Navarro Tomás. Los tres primeros a que acabo de aludir fueron
publicados fragmentariamente por HERGUETA, *Revista de Ar-
chivos*, 1904, X, pág. 178.

1 Sobre el apellido Megía, dado ligeramente a Berceo por
LUIS DE ARIZ, *Historia de Avila*, I, fol. 31, véase Sánchez, II,
página V.

2 *Vida de Santa Oria*, 2.

3 Véase lo que decimos en una nota anterior respecto a
los documentos de 1237 y 1242. Después de las primeras afir-
maciones de que fué monje benedictino, desvirtuadas por SÁN-
CHEZ, II. VII, se ha venido diciendo que había sido clérigo secu-
lar adscrito al servicio de la abadía (MENÉNDEZ PELAYO, *Anto-

puede afirmarse que estuvo unido por una antigua gratitud al monasterio en que se educó. La devoción que demuestra a San Millán, el hecho mismo de que en el citado monasterio se conservasen hasta fecha reciente sus manuscritos, así como todos los documentos de que hemos hablado, que en la mayor parte se refieren a transaciones del convento, y la cercanía del pueblo Berceo, nos aseguran una convivencia del poeta con los monjes de San Millán. Allí dispondría de una buena biblioteca y allí debió ir libando, rodeado de libros amados, que manoseaba con frecuencia, unas páginas humildes, sencillas, encantadoramente ingenuas, llenas de alabanzas a la Virgen y a sus Santos predilectos.

Así se lo ha imaginado *Azorín*, contemplando un "paisaje fino y elegante" mientras escribe la introducción a estos *Milagros* que hoy editamos.

---

logía de poetas líricos castellanos, II, pág. XLII), y en efecto, podía haber sacerdotes dentro de los monasterios benedictinos, como afirma YEPES, *Chronica de San Benito*, según AMADOR DE LOS RÍOS, *Hist. crít.*, III, pág. 238. Se le sigue citando entre los monjes por PLAINE, *Series Chronologica Scriptorum O. S. Benedictini Hispanorum qui ab anno 1150 ad nostros usque dies claruerant*, en *Studien und Mittheilungen des Benedicter- und Cistercienserorden* (Separata, Brunn, 1884, pág. 3). El título de "maestro" que él se da en *Milagros*, 2 *a*, no debe querer decir más que "confesor", como lo atestigua el verso 492 *a* de los *Milagros* y el documento de Garci Gil antes mencionado; nada tiene que ver con su sabiduría ni con la enseñanza, como cree SÁNCHEZ, II, VII, ni significa "maestro en poesía", como indica MENÉNDEZ Y PELAYO, *Antología*, II, XXXII.

Y así queremos evocar siempre la figura de este buen clérigo, alejado de la turbulencia y el ajetreo ciudadanos, que han de arrebatar a otro gran escritor de nuestra remota literatura, al intranquilo Arcipreste de Hita, pintado también, en pocos rasgos, por aquel mismo escritor contemporáneo [1].

Entre estos dos poetas se ha de mover todo un nuevo género poético, el "mester de clerecía". Puede decirse que con Berceo entra definitivamente en nuestra literatura la nueva manera de hacer versos pausados, sujetos a medida, llenos de perfección erudita, aunque antes de él pudiera haberse escrito algún poema de este género. Y puede decirse también que aquel otro inquieto escritor, Juan Ruiz, es el que introduce la rebeldía en el mester y acaba con él en el libro más original de nuestra Edad Media, aunque después del Arcipreste florezca el canciller López de Ayala y se escriban otros poemas cultos.

El "mester de clerecía", menester u oficio de los clérigos o personas letradas, aparece después de la épica y como en contraposición con ésta en cuanto a su forma externa. Si los poetas épicos no contaban las sílabas de sus versos, estos autores, no tan populares, ponían todo cuidado en contarlas y en jactarse de darnos una versificación total-

---

1 AZORÍN, *Al margen de los clásicos*, Madrid, 1915, pág. 19.

mente regular y una "nueva maestría". Emplean
el alejandrino, más o menos perfecto, y con él com-
ponen estrofas de cuatro versos monorrimos o
"cuaderna vía", sin que deje de haber en su rimas
imperfecciones y descuidos [1].

Esta forma externa y el seguir, para la inspi-
ración de las obras, fuentes escritas, en general
latinas, da uniformidad al mester de clerecía, que
no la tiene en cuanto a sus temas, ya que encierra
en sus versos la narración de asuntos muy distin-
tos, desde los argumentos clásicos o bizantinos has-
ta la narración de las hazañas, épico-nacionales del
conde Fernán González [2].

A nuestro Berceo le cupo el ser, dentro del géne-
ro, quien tratase los asuntos religiosos con toda
exclusión de otros temas. Sus obras —que ahora
no estudiamos en conjunto, aunque prometemos
editarlas todas en dos volúmenes más de esta mis-
ma colección, dejando para sus prólogos el análi-
sis de cada una de ellas— comprenden la narración

---

1 HENRÍQUEZ UREÑA, *La versificación irregular en la poe-
sía castellana*, Madrid, 1920, págs. 16-21, estudia y da una bi-
bliografía de las cuestiones métricas relativas al alejandrino:
en la pág. 17 encontrará el lector la indicación de los estudios
acerca de la versificación de Berceo.

2 El mejor estudio de conjunto que podemos encontrar sobre
el mester de clerecía es el de MENÉNDEZ PELAYO, *Antología*, II,
págs. XXXI a LXXXIII. Después ha aparecido otra obrita de este
género, el *Libro de miseria de homne*, que ha sido publicado por
ARTIGAS, *Boletín de la Biblioteca de Menéndez Pelayo*, 1919
(edición separada, Santander, 1920).

de vidas de santos, la descripción de la Misa y del juicio final, y cuatro obritas más dedicadas a la Virgen, entre las que descuellan los *Milagros de Nuestra Señora* [1].

Pero Berceo, a pesar de sus temas religiosos, de sus fuentes latinas y de su métrica precisa, no es un poeta erudito, sino más bien un escritor que quiere popularizar estas leyendas entre sus oyentes o lectores, a los que continuamente se dirige, exhortándoles a seguirle en sus narraciones, que él transcribe al lenguaje del pueblo, al romance castellano, entendido por todos [2]. Se esfuerza en

1 La atribución a Berceo del *Libro de Alexandre* ha sido ya desechada casi unánimemente. El principal defensor de ella fué BAIST, *Romanische Forschungen*, 1891, VI, 292; véase en contra MENÉNDEZ PIDAL, *Cultura española*, 1907, núm. VI, 546-548, y *Revista de Archivos*, 1906, pág. 134. Deberá hacerse un estudio basado en las diferencias dialectales, de léxico, estilo, perfecciones métricas y aun de fuentes de inspiración y de espíritu, y se comprobará para siempre cuán lejos de Berceo se halla el *Poema de Alexandre*.

2 Conocida y repetida hasta la saciedad es la copla 2 de Santo Domingo:

> "Quiero fer una prosa en román paladino,
> en cual suele el pueblo fablar con su vezino,
> ca non so tan letrado por fer otro latino;
> bien valdrá, como creo, un vaso de bon vino."

Es indudable que sus poesías debían ser leídas ante un grupo de oyentes, ya que insiste demasiado en esto para que no lo tomemos en consideración o lo tengamos por un lugar común de su poesía, sin significación concreta. Véanse como ejemplo, en los *Milagros*, las estrofas 1, 10, 16, 75, 122, 182, 377, etc.; *San Millán*, 1; *Santo Domingo*, 315, 335, 376, etc.

que su estilo sea sencillo y su lengua clara y llena
de comparaciones, frases y modos de decir inteli-
gibles para sus conterráneos, desde los más cultos
abades hasta los campesinos, y aun busca en el
habla de los rústicos y en los quehaceres agrícolas
sus sencillas imágenes retóricas. Su humorismo es
rudo, sano, y nunca desperdicia la ocasión que sus
fuentes le presentan para producir una sonrisa de
inteligencia, aunque nunca brote, como de la lec-
tura del Arcipreste, la franca risotada.

Berceo, además de hacer sus versos para el pue-
blo, es un poeta con sensibilidad y no un simple
versificador. Menéndez Pelayo supo —como siem-
pre sabía hacerlo de cualquier libro que leía—
desgajar unos cuantos pasajes de verdadero sen-
timiento lírico, de extraordinaria inspiración poé-
tica. Berceo es el mayor poeta culto del siglo XIII,
como es también el más fácil y perfecto versifica-
dor de su mester [1].

Los antiguos escritores le desconocían [2], los eru-

---

1 Aparte de los estudios sobre Berceo que venimos citando
pueden consultarse los de BOUBÉ, *La poésie mariale; Gonzalo
de Berceo*, en *Etudes des Pères de la Compagnie de Jésus*, 1904,
IC, págs. 512-536, y F. FERNÁNDEZ Y GONZÁLEZ, *Berceo o el
poeta sagrado en la España cristiana del siglo XIII*, en *La Ra-
zón*, 1860, I, págs. 222-235, 306-332, 393-402.

2 Véase lo que la crítica sabía de Berceo antes de la edi-
ción de Sánchez en FITZ-GERALD, *Gonzalo de Berceo in Spanish
literary criticism before 1780*, *Romanic Review*, 1910, I, 290-
301, y KLING, *A propos de Berceo*, *Revue Hispanique*, 1915,
XXXV, 77-90.

ditos nacionales y extranjeros del siglo XIX le des-
preciaban como poeta; pero la crítica moderna, y
sobre todo los escritores contemporáneos, le han
sabido apreciar más justamente. Los prosistas y
poetas del día han vuelto sus ojos hacia el olvidado
Berceo, y han gustado de él precisamente por su
primitivismo. En nuestros autores predilectos po-
demos encontrar repetido el nombre de Gonzalo;
sería curioso reunir y estudiar todos los pasajes
que en los escritores españoles e hispanoamerica-
nos se refieren a él en una u otra forma; me con-
tento ahora con dar unos cuantos ejemplos.

Ya hemos citado las páginas dedicadas a Berceo
por *Azorín* en su obra *Al margen de los clásicos.*
Sobre el paisaje simbólico que describe el poeta de
la Rioja en su Introducción a los *Milagros,* ha de
volver en *El paisaje de España visto por los espa-
ñoles.* Antes aludió en *La Voluntad* al tono "espon-
táneo, jovial, plástico, íntimo" de Berceo, y, por fin,
una paráfrasis del Milagro VII ha de servirle de
prólogo para su *Don Juan.*

Ramón Pérez de Ayala se inspira también en
esa introducción a los *Milagros* para evocarnos,
con una entonación moderna y una significación
distinta, el mismo sosiego de aquel verde prado,
que aquí es "la paz del sendero".

Mis lectores encontrarán, como el romero can-
sado, un alivio si adorno con una breve antología
este prólogo mío.

De Ramón Pérez de Ayala:

LA PAZ DEL SENDERO

Con sayal de amarguras, de la vida romero,
topé, tras luenga andanza, con la paz de un sendero.
Fenecía del día el resplandor postrero.
En la cima de un álamo sollozaba un jilguero.
No hubo en lugar de tierra la paz que allí reinaba.
Parecía que Dios en el campo moraba,
y los sones del pájaro que en lo verde cantaba
morían con la esquila que a lo lejos temblaba.
La flor de madreselva, nacida entre bardales,
vertía en el crepúsculo olores celestiales;
víanse blancos brotes de silvestres rosales
y en el cielo las copas de los álamos reales.
Y como de la esquila se iba mezclando el son
al canto del jilguero, mi pobre corazón
sintió como una lluvia buena, de la emoción.
Entonces, a mi vera, vi un hermoso garzón.
Este garzón venía conduciendo el ganado,
y este ganado era por seis vacas formado,
lucidas todas ellas, de pelo colorado,
y la repleta ubre de pezón sonrosado.
Dijo el garzón: —¡Dios guarde al señor forastero!
—Yo nací en esta tierra, morir en ella quiero,
rapaz. —Que Dios le guarde. —Perdióse en el sendero...
En la cima del álamo sollozaba el jilguero.
Sentí en la misma entraña algo que fenecía,
y queda y dulcemente otro algo que nacía.
En la paz del sendero se anegó el alma mía,
y de emoción no osó llorar.
                                    Atardecía.

De Rubén Darío, en *Prosas profanas:*

A MAESTRE GONZALO DE BERCEO

Amo tu delicioso alejandrino
como el de Hugo, espíritu de España;
éste vale una copa de champaña,
como aquél vale un "vaso de bon vino".

Mas a uno y otro pájaro divino
la primitiva cárcel es extraña;
el barrote maltrata, el grillo daña;
que vuelo y libertad son su destino.
    Así procuro que en la luz resalte
tu antiguo verso, cuyas alas doro
y hago brillar con mi moderno esmalte;
    tiene la libertad con el decoro
y vuelve como al puño el gerifalte,
trayendo del azul rimas de oro.

De Manuel Machado, en *Alma, Museo, Los cantares:*

RETABLO

Ya están ambos a diestra del Padre deseado,
los dos santos varones, el chantre y el cantado,
el Grant Santo Domingo de Silos venerado
y el Maestre Gonzalo de Berceo nommado.
    Yo veo al Santo como en la sabida prosa
fecha en nombre de Christo y de la Gloriosa:
la color amariella, la marcha fatigosa,
el cabello tirado, la frente luminosa...
    Y a su lado el poeta, romeo peregrino,
sonríe a los de ahora que andamos el camino,
y el galardón nos muestra de su claro destino:
una palma de gloria y un vaso de buen vino.

De Antonio Machado, en *Poesías completas:*

MIS POETAS

El primero es Gonzalo de Berceo llamado,
Gonzalo de Berceo, poeta y peregrino,
que yendo en romería acaeció en un prado,
y a quien los sabios pintan copiando un pergamino.
Trovó a Santo Domingo, trovó a Santa María,
y a San Millán, y a San Lorenzo y Santa Oria.
Y dijo: mi dictado non es de juglaría;
escrito lo tenemos; es verdadera historia.

Su verso es dulce y grave; monótonas hileras
de chopos invernales, en donde nada brilla;
renglones como surcos en pardas sementeras,
y lejos, las montañas azules de Castilla.
El nos cuenta el repaire del romeo cansado;
leyendo en santorales y libros de oración,
copiando historias viejas, nos dice su dictado,
mientras le sale afuera la luz del corazón.

Enrique de Mesa, en su *Cancionero castellano,*
termina así su poesía titulada *El bon vino:*

Para seguir mi camino
también olvidar deseo.
¡Oh Gonzalo de Berceo!
¡El bon vino!

* * *

La literatura medieval de los pueblos occiden-
tales encontró un tema inagotable de inspiración
en la vida y en los milagros de la Virgen y de los
Santos, así como en otras leyendas religiosas. En-
tre todas estas manifestaciones descuellan siempre
los cuentos piadosos, en que se narra la interce-
sión de Santa María en favor de sus fieles devotos
y aun de los que no lo son, y los casos prodigiosos
ocurridos a todos ellos en los momentos de peligro.
Ya en los siglos XI y XII comenzaron a reunirse
estos milagros mariales en colecciones latinas y
de ellas pasaron a las literaturas romances y ger-
mánicas [1].

---

1 Quien quiera profundizar en la vastísima bibliografía ma-
rial puede leer con provecho a MUSSAFIA, *Studien zu den mitte-*
lalterlichen Marienlegenden, en *Sitzungsberichte der Wiener*

En España conservamos dos obras importantes
del siglo XIII dedicadas a la narración en verso de
muchos de estos milagros tradicionales. Una es la
titulada *Cántigas de Santa María*, escrita por Al-
fonso el Sabio y sus colaboradores, y la otra es la
obra de Berceo. Entre las dos no hay más relación
que la que proviene de repetir milagros comunes
a las dos colecciones, como lo eran a otras mil [1]. Ni
siquiera proceden los dos textos de una fuente co-
mún inmediata. Además Alfonso X reunió sus mi-
lagros acudiendo seguramente a varios textos a
la vez, y tomando de aquí y de allá argumentos y
detalles. Esta es la típica manera de construir to-
das sus obras, muy distinta de la peculiar de
Berceo, quien sigue siempre un texto único, que
amplía o compendia a su gusto; tampoco dispon-
dría éste de una biblioteca tan nutrida como lo
sería la del Rey Sabio ni podía contar con la ayu-

Akad. der Wissenschaften, Phil. Hist. Kl., 1886, CXIII, pági-
nas 917-994, y 1888, CXV, páginas 5-92; los prólogos de VALMAR
a las *Cántigas de Santa María*, edición de la Academia Espa-
ñola, Madrid, 1889; CRANE, *Romanic Review*, 1911, II, pági-
nas 235-278, y 1915, VI, págs. 219-236; BONNARD, *Kritischer
Jahresbericht u. d. F. d. romanischen Philologie*, 1914, XIII,
páginas 68-76; WALLENSKÖLD, *Neuphilologischen Mittheilungen*,
1914, XVI, pág. 215; *Il libro dei cinquanta miracoli della Vergi-
ne*, edito ed illustrato da E. LEVI, Bolonia, 1917.

1 Exceptuando los milagros III, V, X, XI, XII y XXV,
todos los demás de Berceo se narran también en las *Cántigas*.
Se niega la relación entre Berceo y Alfonso en *Cántigas*, I,
página 107 y siguientes.

da de colaboradores que leyesen y extractasen textos diferentes.

Había que buscar, por tanto, un texto latino que nos presentase reunidos todos los milagros que Berceo traslada a su obra. Esta investigación ha sido realizada modernamente por Richard Becker [1], quien, guiado por indicaciones sumarias hechas con anterioridad por otros eruditos, ha encontrado en el manuscrito latino de la Biblioteca de Copenhague, Thott 128, un texto que coincide con el de Berceo en lo que se refiere a la letra de los milagros —aunque suprima, modifique o añada algunos detalles que no suponen nueva fuente [2]— y que coincide asimismo con la colección castellana en cuanto al orden de la leyenda [3].

Becker llega a la conclusión de que Berceo se sirvió de un manuscrito próximamente emparentado con el de Copenhague, y desecha como poco

---

1 *Gonzalo de Berceo's Milagros und ihre Grundlagen*, mit einem Anhange: Mitteilungen aus der Lat. Hs. Kopenhagen, Thott, 128. Inaugural-Dissertation... Strassburg, 1910.

2 Becker hace un estudio detenido del texto de todos los milagros, excepto del XXV, señalando con todo detalle las supresiones, cambios y adiciones que hace Berceo; las resume al final y busca las razones que pudo tener nuestro autor para introducir tales cambios. Todo esto podemos comprobarlo gracias al texto latino que Becker publica como apéndice de su disertación.

3 Berceo salta cuatro milagros de los contenidos en el ms. de Copenhague, los núms. 16, 22, 25 y 26, pero sigue para los demás el mismo orden del citado manuscrito. Becker no encuentra el motivo que impulsó a Berceo a tal supresión.

fundadas las otras fuentes que se han señalado para nuestro texto: ni la *Leyenda Aurea* de Jacobo de Vorágine, ni el *Speculum historiale* de Vicente de Beauvais, ni la colección de milagros escrita en francés por Gautier de Coincy, ni aun los milagros editados por Pez —aunque estos últimos se aproximen mucho a los de Berceo— pueden ser la fuente de los *Milagros de Nuestra Señora.*

Queda sin determinar aún de dónde tomó Berceo la Introducción y el milagro XXV, aunque él indica que, al igual que los otros milagros, proceden de fuentes escritas [1].

Las imágenes líricas que Berceo nos transmite en su Introducción no son, indudablemente, inventadas por él, pero todavía no se ha podido encontrar el texto preciso en donde se hallen todas aquellas simbólicas comparaciones. El pensamiento central, es decir, la comparación de la Virgen con una pradera siempre verde, es frecuente en la Edad

---

[1] Véanse las coplas 907 y 909. Presumía Berceo, no sólo en sus *Milagros*, sino también en las demás obras, de gran apegamiento a sus fuentes (véase MENÉNDEZ PELAYO, *Antología*, II, páginas XI y XLIX. Aunque muchas veces le sirva esto como de muletilla y otras se convierta en un verdadero ripio, no deja de ser una preocupación del poeta el dar valor a sus afirmaciones; cita muy a menudo "la lection", "la escriptura", "el dictado", "la leyenda", etc. En diez de los veinticinco milagros no se encuentra alusión alguna a sus fuentes, sin que esto quiera decir nada sobre su originalidad; véase BECKER, pág. 7.

Media, que ve en Santa María lo mismo que en el prado intacto, "bien sencido", un símbolo de la inocencia y un albergue donde podía gustarse de todos los deleites espirituales [1]. Pero aunque se encontrase que todo ello procedía textualmente de obras anteriores, no cabe duda de que Berceo halló un tema apropiado para su temperamento lírico y lo expresó con toda su imaginación y fervor religiosos, al propio tiempo que esmaltaba la descripción con las más bellas observaciones campesinas.

El milagro XXV se ve claramente que fué añadido por el propio Berceo después de cerrada la colección de veinticuatro milagros [2]. Es de asunto español y pudo recogerlo el poeta de la tradición

---

1 Berceo cita también en la Introducción, coplas 31 y 41, "el dictado" y "la lection"; pero pudiera ser que sólo se refiriese a aquel pasaje determinado en que habla de los nombres de María. Véanse BOUBÉE, *Etudes*, pág. 526, y BECKER, páginas 9 y 10, que aluden al magnífico estudio de SALZER, *Die Sinnbilder un Beiworte Mariens in der deutscher Literatur und lateinischen Hymnenpoesie des Mittelalters*, Linz, 1893, donde pueden verse ejemplos de esta comparación y de los nombres dados a María. Al parecer, la mayoría de esas imágenes proceden de himnos latinos, y quizás en la copla 21 pensó Berceo en el Cantar de los Cantares.

2 Ya Becker señala que el final natural del libro es la copla 866. Ignoraba este erudito, por no haberlo indicado Sánchez, que con el *milagro* XXIV acababa uno de los dos códices de San Millán, cosa que afirma Ibarreta en una anotación de su copia, refiriéndose a la copla citada: "Nota: Este Milagro es el último en el otro códice, y así le viene mejor la última copla de arriba".

oral, ya que narraba una leyenda relativamente reciente, aunque también pudo hallarlo en algún manuscrito, si hemos de creer a nuestro autor, que nos declara que "en libro lo echaron".

Si descontamos este milagro, todos los demás pertenecen a la literatura universal, aun los de asunto puramente español, tales como el I, La casulla de San Ildefonso; el XVIII, Los judíos de Toledo, y el VIII, aunque sólo se refiera a un romero extranjero que se dirige a Santiago de Compostela. Otras de las leyendas narradas por Berceo son temas con gran repercusión en las colecciones extranjeras medievales, y algunas de ellas, y esto muestra su vitalidad, perduran en las literaturas modernas. La poesía, la prosa, el teatro mismo se han enriquecido con la narración de estos milagros de la Virgen, bien tomando la letra de ellos o simplemente su espíritu y sentido esenciales; así se produjeron en la literatura mundial nuevas obras extraordinarias [1]; y no hay más que abrir una historia cualquiera del arte para comprender la influencia que estas leyendas tuvieron en las artes plásticas.

La intercesión de Santa María se nos presenta en muy distintas formas: no sólo ayuda a sus fieles adoradores que únicamente han mostrado sus

---

[1]   Sobre la supervivencia de estas leyendas indica algo MENÉNDEZ PELAYO, *Antología*, II, XXXIX, LVI y LVII.

puros sentimientos y jamás han delinquido, como San Ildefonso, o el sacerdote del milagro IV, o el pobre caritativo, o el clérigo ignorante, sino a aquellos que, aun siendo pecadores, bendicen su nombre y lo repiten en sus oraciones, como el sacristán impúdico, o el clérigo y la flor, o el ladrón devoto. También consuela a los arrepentidos como Teófilo, o la abadesa encinta, o los tres caballeros profanadores de su iglesia. En otros milagros salva su propia imagen de un fuego o no deja que los ladrones desvalijen su ermita, y aun en otro caso la Virgen reclama su derecho e impide que el joven consagrado a Ella consume su matrimonio con una mujer terrenal.

En muchas de estas leyendas, Santa María no es más que una intercesora ante el poder de Dios o de Cristo, y varias veces la Virgen acude al Señor a petición de otros santos, como en el milagro del monje perteneciente a un monasterio consagrado a San Pedro, o en el de Guiralt, el romero de Santiago, o en el de los dos hermanos, en el que los mismos santos ofendidos intervienen en la salvación de sus almas.

Aparece también otras veces como vencedora del poder de los diablos, a quienes disputa la posesión de las almas pecadoras con gran celo y suma de argumentos. Para los que no hay salvación posible es para Siagrio y los judíos de los milagros XVI y XVIII.

Todo esto nos lo narra Berceo con una candorosa ingenuidad y una devota sencillez, cualidades que para nosotros se realzan con el encanto de su castellano primitivo y popular. Su originalidad se debe, como ha dicho Menéndez Pelayo, "a la gracia de estilo, a la imaginación pintoresca, al desembarazo narrativo, al interés dramático con que Berceo cuenta las leyendas" [1].

Gracias al minucioso trabajo que Becker realizó, comparando la fuente latina con la obra de Berceo, podemos apreciar con más exactitud su labor al acomodar aquel texto seco y transformarlo hasta el punto de darnos con su traslado una de las mejores y más inspiradas colecciones de milagros mariales de la Edad Media.

Algunas de las modificaciones del poeta se deben a su religiosidad, entendida de manera muy distinta de como la entendía el compilador latino; por ello suprime los pasajes en que se muestra la influencia directa del diablo, o se hace referencia a las intrigas de los clérigos, u omite aquellos otros algo escabrosos, aunque éstos no le asustasen, ya que tiene habilidad suficiente para bordearlos, sin que deje a veces de sorprendernos con expresiones nada veladas y hasta excesivamente crudas. En cambio, en otros lugares se ve la clara intención

---

1 *Antología*, II, pág. LIV.

de moralizar, o de poner más de manifiesto la gratitud a Dios o a la Virgen, o de exagerar la antipatía hacia los judíos.

Berceo muestra una evidente intención de dar carácter popular y gráfico a todo el libro [1], tomando, como ya hemos dicho, frases y comparaciones de la lengua familiar y de las costumbres de los labriegos, dando importancia muchas veces a lo que en el texto latino es puramente incidental y extendiéndose minuciosamente en ciertos detalles. Ese mismo tono popular le obliga a prescindir de aquellos pasajes que no podrían ser entendidos por el pueblo y cuyo significado sólo era comprensible para los clérigos y letrados, y quizá se deban también algunas de las supresiones a falta de inteligencia en el texto. Otras adiciones, como las estrofas introductorias, que son meras explanaciones geográficas de los lugares en que ocurren los milagros, o las finales, en que da gracias a Santa María, las dirige también Berceo a su poco ilustrado público.

Ni es extraño que elabore su fuente con bastante libertad, ya que a ello le obliga la técnica métrica del mester de clerecía, por la necesidad de encontrar consonantes y de rematar sus estrofas,

1 Véase el interesante estudio de G. CIROT, *L'Expression dans Gonzalo de Berceo*, en *Revista de Filología*, 1922, pág. 154.

pues pocas veces pasa de una a otra el sentido de
lo que viene diciendo.

En lo esencial Berceo sigue fielmente el modelo
y no busca la originalidad, como no la buscaba nin-
gún autor medieval. No hemos de achacarle, por
tanto, el sentido mismo de los *Milagros*, que si en
algunos es totalmente cristiano, pudiera parecer
unas veces atrevido desde el punto de vista orto-
doxo, y otras pagano y libre en demasía [1].

* * *

De las obras de Berceo, como de otras muchas
de nuestra Edad Media, apenas si se conservan
manuscritos; no podemos hoy consultar códices an-
tiguos de todas sus poesías, pues únicamente de
la *Vida de Santo Domingo* y del *Sacrificio de la
Misa* conocemos algunos, y por esta razón los tra-
bajos textuales sólo han podido realizarse en estas
dos obras [2]. Para las demás teníamos que conten-
tarnos con la edición de Sánchez, pues de los dos

---

1 Véase M. PELAYO, *Antología*, II, págs. LVI y LVII.
2 La primera obra fué publicada por el profesor J. D. FITZ-
GERALD, *Bibliothèque de l'Ecole des Hautes Etudes*, 149 Fasci-
cule, París, 1904. Después ha aparecido un nuevo manuscrito,
que ha sido estudiado por el padre ANDRÉS en el *Boletín de la
Real Academia Española*, 1917, IV, 172 y 445. *El Sacrificio de
la Misa* fué editado por mí paleográficamente entre las publica-
ciones de la Residencia de Estudiantes, Madrid, 1913.

códices que este erudito decía haber consultado, no se tiene modernamente ninguna noticia [1].

Si se lee con detención lo que Sánchez dice de estos manuscritos, conservados entonces en el monasterio de San Millán, se verá que no los describe ni habla de ellos especialmente, y hasta declara, como de pasada —al indicar que el orden en que publica las poesías es arbitrario—, "que no sabemos el orden con que las escribió (Berceo), ni el que tiene en los códices de San Millán la *Vida de Santo Domingo,* que anda impresa" [2]. Más allá declara que para editar el *Sacrificio de la Misa* completo se sirve de "la copia del Rmo. Ibarreta" que "se sacó del códice de San Millán", y añade que prefiere el manuscrito antiguo, "porque en las variantes que han resultado del cotejo que se ha hecho se nota que algunas voces que en el de la Biblioteca Real (hoy Nacional) se conservan antiguas y como es de creer las usaría Berceo, en la copia del Rmo. Ibarreta se representan modernas,

---

1   MENÉNDEZ PELAYO dijo: "La (edición de Sánchez) de Berceo, que parece más esmerada que las otras, conserva su valor por haberse perdido o estar ocultos la mayor parte de los códices que Sánchez disfrutó." *Revue Hispanique,* 1908, XVIII,, 326.

2   SÁNCHEZ, II, pág. XVIII. Esta *Vida de Santo Domingo* no debió copiarse en los códices de San Millán, sino siempre separada o con otras obras dedicadas al mismo santo, quizá por tratarse del patrono de un monasterio cercano, adonde se mandarían todos los manuscritos relativos al Santo. No aparece tampoco en la copia de Ibarreta, según digo en una nota posterior, al hablar del contenido de ese manuscrito.

y parecen más bien declaraciones de las antiguas que parte del texto original" [1]. Vuelve a aludir a "la copia que se sirvió franquearme el Rmo. Ibarreta" al hablar de los *Signos* [2].

En mi edición del *Sacrificio de la Misa* di por perdida esta copia de Ibarreta, que después me fué señalada como existente en el monasterio de Santo Domingo de Silos por mi buen amigo el reverendo padre abad Luciano Serrano [3]. Disfruté de la consulta de este manuscrito en 1914 y hoy tengo a mi disposición una fotocopia completa perteneciente al Centro de Estudios Históricos [4]. Del

---

1 SÁNCHEZ, pág. 179.

2 SÁNCHEZ, pág. 273.

3 Me complazco en darle aquí las gracias por noticia tan importante y por haberme facilitado mi estudio, así como a fray Hermenegildo Nebreda y a fray Alfonso Andrés, que me ayudaron muy eficazmente.

4 Es un manuscrito del siglo XVIII, todo él de la misma letra, que debe ser la del padre Domingo Ibarreta (1710-1785); sobre Ibarreta y sus trabajos, encaminados a formar una Diplomática española de los siglos VII al XVIII, puede verse FÉROTIN, *Histoire de l'abbaye de Silos*, París, 1897, pág. 248. El manuscrito se encuadernó para trasladarlo a Madrid para mi consulta; antes estaba en cuadernos sueltos, de dos tamaños diferentes: los folios 1 a 54 miden 280 por 200 mm.; los folios 55 a 152 miden 310 por 215 mm. La foliación es mía, puesta en lápiz; los pliegos de mayor tamaño se numeraron primitivamente del 1 al 10. Los folios 66 y 67 están mal colocados, y deben ir entre los 73 y 74. El orden actual de las poesías contenidas es el siguiente: San Millán, Santa Oria, San Lorenzo, Sacrificio, Duelo, Himnos, Loores, Signos y Milagros. Falta, pues, Santo Domingo. El orden no es el primitivo ni el de los códices de San Millán de que es copia, ya que al finalizar San Lorenzo

cotejo del manuscrito de Ibarreta con la edición
de Sánchez se ve que sólo de ella se ha servido para
darnos todas las demás poesías de Berceo, con ex-
cepción de *Santo Domingo* y del *Sacrificio*. Las
mismas noticias concretas que nos ofrece acerca
de los manuscritos de San Millán no proceden más
que de la copia de Ibarreta. Esta fué seguida fiel-
mente por Sánchez, sin que queramos decir que
haya leído siempre bien esta moderna transcrip-
ción, pues en algunos pasajes estropea el texto de
Ibarreta y modifica formas ortográficas sin nece-
sidad, pero hemos de reconocer que también intro-
duce algunas correcciones acertadas.

La copia de Ibarreta, mientras no aparezcan los
manuscritos antiguos, tiene un innegable valor y
a ella, más que al texto de Sánchez, aunque sin
despreciar éste, hemos de atenernos para toda edi-
ción moderna de los poemas de Berceo [1]; Ibarreta

---

dice Ibarreta: "Este libro o tratado está incompleto, como se ve;
fáltanle hojas que no se pueden suplir por el otro códice en que
está este tratado; y con esto están copiadas todas las obras de
Berceo que existen en los dos códices de San Millán." En el
manuscrito se han añadido al margen los significados de unas
cuantas palabras, que no señalo por su escaso valor. Doy aquí
todos estos detalles por no haber sido estudiado antes este ma-
nuscrito.

1   La corrección que, acertadamente, proponía LANG, *A pas-
sage in Gonzalo de Berceo's Vida de San Millan. Modern Lan-
guajes Notes*, 1887, II, cols. 118-119, se ve comprobada por el
ms. Ibarreta, que lee "menge" en vez de "monge", como pone
SÁNCHEZ, copla 153 *b*.

cometió, sin duda, errores, a pesar de su conocimiento paleográfico, y no aprovechó más que uno solo de los dos códices de San Millán [1].

Sigo para mi edición el manuscrito de Ibarreta, cotejado con el texto de Sánchez; conservo las correcciones acertadas de éste o hago por mi cuenta la corrección cuando Sánchez deja la lectura errónea del padre benedictino, y en otros pasajes leo con Ibarreta, ya que Sánchez ha corregido mal [2].

Sigo siempre la ortografía que Ibarreta nos transmite, aun a sabiendas de que en algunos casos no debe reflejar la ortografía de los manuscritos antiguos, como en su constante transcripción de la *x* por *ss*: "disso" por "dixo", "adusso" por "aduxo". Pocas veces deja la *x*: *exida, exilio.* No modifico más que la *v* y *u* con valor vocal o

---

1 El aprovechamiento de "el otro códice" es esporádico; en lo que respecta a los *Milagros*, sólo hay las siguientes indicaciones: **666** *b*, "el otro códice p u g e s"; **683** *c*, "otro códice d e s s ó"; **886** *d*, *pone Ibarreta después de* "valer a" unos puntos suspensivos y al margen indica: "el otro códice añade p e c c a d o r". Para la indicación referente a la terminación de los *Milagros* véase nuestra pág. 21.

2 De todo pueden encontrarse ejemplos en mis anotaciones, aunque, dado el carácter no erudito de esta colección, no soy sistemático en ellas; sin embargo, no he dejado de anotar nada interesante, y cuando no lo he hecho es por su misma evidencia o insignificancia. Las correcciones de Sánchez las indico a veces y otras señalo sólo la mala lectura de Ibarreta. He tenido presente también la edición de JANER, que nada añade, y he prescindido de la de OCHOA; ya he citado estas ediciones anteriormente. La de ALVAREZ DE LA VILLA, "*Prosas*", París, Michaud, sin año, no incluye los *Milagros*.

consonante, respectivamente, y la grafía *qe, qi* por *que, qui.*

He procurado que mis anotaciones sean sencillas, concretándome muchas veces a dar la simple equivalencia, cuando la significación está suficientemente atestiguada por los vocabularios y estudios de textos medievales, principalmente por el *Cantar de Mío Cid* de Menéndez Pidal, y aun por los diccionarios modernos. Cuando pudiera caber duda, doy otros ejemplos sacados de obras antiguas.. Me he servido del *Vocabulario* de las obras de Berceo publicado por Lanchetas, plagado de inexactitudes, que apenas discuto, abreviando así mi anotación; si algunas veces acepto sus interpretaciones es por haberlas encontrado documentadas en otra parte; en ciertos pasajes obscuros pongo lo que Lanchetas dice, pero sin que esto indique mi conformidad con su parecer. Sé que mis notas no aclararán al lector sino lo más saliente. Todo libro medieval está sembrado de dificultades, que hay que ir resolviendo poco a poco; pero creo haber avanzado en la comprensión de este texto de don Gonzalo de Berceo.

ANTONIO G. SOLALINDE.

Columbia University, Nueva York, sept. 1922.

MILAGROS DE NUESTRA SEÑORA

INTRODUCCIÓN

1   Amigos e vasallos de Dios omnipotent,
Si vos me escuchassedes por vuestro consiment,
Querria vos contar un buen aveniment:
Terrédeslo en cabo por bueno verament.

2   Yo maestro Gonçalvo de Verçeo nomnado
Iendo en romeria caeçí en un prado
Verde e bien sençido, de flores bien poblado,
Logar cobdiçiaduero pora omne cansado.

---

1 b *consiment*, 'favor, merced'; la forma corriente es "co-siment", como en 365 *a*. En el ms. Ibarreta aparece tachada la *n*.— d *terrédeslo* es el futuro sincopado de tener, que también presenta las formas de "terné" y "tenré".

2 a *maestro* es uno de los títulos que se asigna Berceo; qui-zás se refiera a que era maestro en teología o confesor, acep-ción que tiene esta palabra en 492 *a*, aunque parece más pro-bable que se trata de un título meramente literario.— b *caeçí*, 'me encontré'.— c *sençido*, 'intacto, no cortado'; véase GARCÍA DE DIEGO, *etimologías españolas*, *Revista de Filología Española*, 1920, VII, 117.— d *cobdiçiaduero*, 'codiciable, apetecible'.

3   Daban olor soveio las flores bien olientes,
     Refrescavan en omne las caras e las mientes,
     Manavan cada canto fuentes claras corrientes,
     En verano bien frias, en yvierno calientes.

4   Avie hi grand abondo de buenas arboledas,
     Milgranos e figueras, peros e mazanedas,
     E muchas otras fructas de diversas monedas;
     Mas non avie ningunas podridas nin azedas.

5   La verdura del prado, la olor de las flores,
     Las sombras de los arbores de temprados sabores
     Refrescaron me todo, e perdí los sudores:
     Podrie vevir el omne con aquellos olores.

6   Nunqua trobé en sieglo logar tan deleitoso,
     Nin sombra tan temprada, ni olor tan sabroso.
     Descargue mi ropiella por iazer más viçioso,
     Poseme a la sombra de un arbor fermoso.

7   Yaziendo a la sombra perdí todos cuidados,
     Odí sonos de aves dulces e modulados:
     Nunqua udieron omnes organos más temprados,
     Nin que formar pudiessen sones más acordados.

---

3 a *soveio*, sobeio, 'grande, excelente'.
    4 a *hi*, 'allí'; la grafía corriente es *y*.— b *milgranos* 'gra-
nados'.— c *de diversas monedas*, 'de distintos precios'.
    6 a *trobé*, 'encontré'.— *en sieglo*, 'en el mundo'.
    7 b *odí*, 'oí'.— c *udieron*, 'oyeron'.

8 Unas tenien la quinta, e las otras doblavan,
   Otras tenien el punto, errar no las dexavan,
   Al posar, al mover todas se esperavan,
   Aves torpes nin roncas hi non se acostavan.

9 Non serie organista nin serie violero,
   Nin giga, nin salterio, nin mano de rotero,
   Nin estrument, nin lengua, nin tan claro vocero,
   Cuyo canto valiesse con esto un dinero.

---

8 a *tenien;* el ms. Ibarreta, "tienen"; Sánchez y Janer corrigen "tenien".— *quinta*, en términos musicales, es un 'contrapunto hecho a la distancia de quinta superior a la nota del canto fundamental', o sea del punto de que habla en el verso *c*. Compárese: "En música fina, dulce melodía, mudando bemoles en primas e quintas." ALFONSO DE BAENA, *Cancionero*, 115.— *doblavan*, 'transportaban el canto fundamental a la distancia de una octava superior'.— b *punto* 'es el canto fundamental': "Sé arte de musica, por natura cantar, ser fer fremosos puntos, las vozes acordar." *Alexandre, M.*, 39. Véase RESTORI, *Il Propugnatore*, XX, disp. 1 y 2, 153 nota, que da una explicación de esta copla.

9 a *violero*, 'tocador de viola o de vihuela': "avia y muchas çitulas e muchos violeros." *Fernán González*, 683 d.— b *giga*, 'instrumento de tres cuerdas y arco': "auie y sinfonia, arba, giga e rota; albogues e salterio..." *Alexandre, M.*, 1383. Compárese francés "gigue", véase GODEFROY, *Dict. de l'ancienne langue française.— salterio* era otro instrumento de cuerdas, pero de formas muy diversas; COVARRUBIAS, sub voce "Salmo", da una descripción.— *mano de rotero* Sánchez y Janer creían que era una sola palabra, y así lo imprimieron; LANCHETAS dice que es 'otro instrumento musical'. "Rotero" era el que tocaba la "rota", 'instrumento de cuerdas'.— d *dinero;* son frecuentes en Berceo y en otros escritores medievales las comparaciones con cosas de poco valor para reforzar una negación. Véase MENÉNDEZ PIDAL, *Cantar de Mío Cid*, págs. 376 y 689.

10   Pero que vos dissiemos todas estas bondades,
      Non contamos las diezmas, esto bien lo creades:
      Que avie de noblezas tantas diversidades,
      Que no las contarien priores ni abbades.

11   El prado que vos digo avie otra bondat:
      Por calor nin por frio non perdie su beltat,
      Siempre estava verde en su entegredat,
      Non perdie la verdura por nulla tempestat.

12   Man a mano que fuy en tierra acostado,
      De todo el lazerio fui luego folgado:
      Oblidé toda cuita, el lazerio passado:
      ¡Qui alli se morasse serie bien venturado!

13   Los omnes e las aves quantas acaecien,
      Levavan de las flores quantas levar querien;
      Mas mengua en el prado niguna non façien:
      Por una que levavan, tres e quatro nazien.

_____

    10 a *pero que*, 'aunque'.— b *diezmas*, 'la décima parte'.
    11 b *perdie;* el ms. Ibarreta pone "perdice".— d *nulla*,
'ninguna', es el femenino de "nul" que aparece en 418 *d.*
    12 a *man a mano*, 'en seguida': "ela connoçio una mi cinta
man a mano." *Razón de Amor*, ed. M. Pidal, 124; "fué alim-
piado de la eregia e bautizado, e man a mano confirmado en la
fe católica." *Estoria de los cuatro dotores*, ed. Lauchert, pági-
na 46.— b lazerio, 'sufrimiento'.— c *oblidé*, 'olvidé'.— *cuita*,
'desventura, pena'.
    13 a *acaecien*, 'concurrían, aparecían': "El rey Apolonio,
omne de gran poder, es aquí aquaesçido, quiero vos conosçer."
Apolonio, 558.

14   Semeia esti prado egual de paraiso,
     En qui Dios tan grand graçia, tan grand bendiçión
     El que crió tal cosa, maestro fue anviso: [miso:
     Omne que hi morasse, nunqua perdrie el viso.

15   El fructo de los arbores era dulz e sabrido,
     Si don Adam oviesse de tal fructo comido,
     De tan mala manera non serie decibido,
     Nin tomarien tal danno Eva ni so marido.

16   Sennores e amigos, lo que dicho avemos,
     Palabra es oscura, esponerla queremos:
     Tolgamos la corteza, al meollo entremos,
     Prendamos lo de dentro, lo de fuera dessemos.

17   Todos quantos vevimos que en piedes andamos,

---

14 b *miso*, 'metió, puso'.— **c** *anviso*, 'sabio, avisado'.— **d** *hi;* el ms. Ibarreta deja un blanco.— *viso*, 'vista': "así como el viso, quando enferma, vee unas imagines non verdaderas", *Bocados de oro*, ed. Knust, pág. 384.

15 a *sabrido*, 'sabroso': "visco con su muger vida dulçe e sabrida." *Apolonio*, 650. Vive hoy el derivado "desabrido".— **b** *don Adam;* es corriente en Berceo el uso del título *don*, 'señor', con nombres que generalmente no lo llevan, como son los religiosos: "de que sofrio don Cristo", *Sacrificio*, 28 *a*. Otros poetas medievales lo aplican también a personajes paganos: "don Bacus", "don Febus", *Alexandre*, 239 *a*, 298 *b*, etc.; "don Júpiter", *Arcipreste de Hita*, 199 *d*.— **c** *decibido*, 'engañado': "Como los decibieron los diablos arteros", *Duelo*, 83 *c*. "Decibense los homes a las vegadas en los casamientos cuidando casar con mugeres libres, et casan con siervas." *Partida* IV, tít. VI, ley IV. Comp. 558 *a*.

16 c *tolgamos*, 'quitemos'.

17 a *piedes*, 'pies', es el plural formado sobre "pied".—

Si quiere en preson, o en lecho iagamos.

Todos somos romeos que camino andamos:
San Peidro lo diz esto, por él vos lo provamos.

18   Quanto aqui vivimos, en ageno moramos;
La ficança durable suso la esperamos,
La nuestra romeria estonz la acabamos
Quando a paraiso las almas enviamos.

19   En esta romeria avemos un buen prado,
En qui trova repaire tot romeo cansado,
La Virgin Gloriosa, madre del buen criado,
Del qual otro ninguno egual non fué trobado.

20   Esti prado fué siempre verde en onestat,
Ca nunca ovo macula la su virginidat,
Post partum et in partu fue Virgin de verdat,
Illesa, in corrupta en su entegredat.

21   Las quatro fuentes claras que del prado manavan,
Los quatro evangelios esso significavan,
Ca los evangelistas quatro que los dictavan,
Quando los escrivien, con ella se fablaban.

---

b *iagamos*, 'yazgamos'.— c *romeos*, 'romeros'; es forma que se
encuentra también en el *Fuero de Avilés*, ed. F.-Guerra, pági-
na 131. Véanse 19 *a*, 198 *b*, etc.
   18 b *ficança*, 'morada, mansión'.— *suso*, 'arriba, en lo alto'.
   19 b *trova*, 'encuentra'.— *repaire*, 'refugio'. Véase GODE-
FROY, *Dict.*— c *buen criado*, 'Cristo'; igual en 31 *d.*— d *tro-
bado*, 'encontrado'.

22   Quanto escrivien ellos, ella lo emendava,
Esso era bien firme, lo que ella laudava:
Pareze que el riego todo della manava,
Quando a menos della nada non se guiava.

23   La sombra de los arbores, buena, dulz e sanía,
En qui ave repaire toda la romería,
Si son las oraciones que faz Santa María,
Que por los peccadores ruega noch e día.

24   Quantos que son en mundo iustos e peccadores,
Coronados e legos, reys e enperadores
Alli corremos todos vassallos e sennores,
Todos a la su sombra imos coger las flores.

25   Los arbores que facen sombra dulz e donosa,
Son los santos miraclos que faz la Gloriosa,
Ca son mucho más dulzes que azucar sabrosa,
La que dan al enfermo en la cuita raviosa.

---

23 a *sanía*, 'sana', forma exigida por la rima.— b *ave*,
'tiene'.— *repaire*, véase 19 b.— *romería*, 'conjunto de romeros':
"e fue y tamanna la romeria por que se pobló la ciudat muy
bien e fizose muy grand." *Prim. Crón. Gral.*, pág. 15.— c *si*, 'así'.

24 b *coronados*, 'clérigos'.— c *corremos*; el ms. Ibarreta,
"coreremos".— d *sombra*; el ms. Ibarreta, "sumbra".— *imos*,
'vamos'.

25 a *donosa*, 'agradable, placentera'.— c *azucar*, se componen
con ella jarabes para los enfermos: "Otrosi decimos que el físico
o el especiero que ha de facer xarope o lectuario con azucar,
si en lugar de azucar mete miel non lo sabiendo aquel que lo
manda facer, face falsedat." *Partida* VII, título VII, ley IV.

26   Las aves que organan entre essos fructales,
Que an las dulzes vozes, dicen cantos leales,
Estos son Agustint, Gregorio, otros tales,
Quantos que escrivieron los sos fechos reales.

27   Estos avien con ella amor e atenencia,
En laudar los sos fechos metien toda femencia,
Todos fablaban della, cascuno su sentencia;
Pero tenien por todo todos una creencia.

28   El rosennor que canta por fina maestria,
Siquiere la calandria que faz grand melodia,
Mucho cantó meior el varon Ysaya,
E los otros prophetas, onrrada conpania.

29   Cantaron los apostolos muedo mui natural,
Confessores e martires facien bien otro tal,
Las virgines siguieron la grand Madre caudal,
Cantan delante della canto vien festival.

30   Por todas las eglesias, esto es cada dia,
Cantan laudes antella toda la clerecia:

---

26 a *organan,* 'cantan'; véase también este verbo en 43 *d.*
27 a *atenencia,* 'amistad'.— **b** *metien toda femencia,* 'ponían toda su vehemencia, su afán'; nótese que la frase se repite exactamente igual en 50 *c.*— **c** *cascuno,* 'cada uno'.
28 b *siquiere,* 'o': "la sangre de bezerra, sequiere de cabrón". *Sacrificio,* 117 *a.*
29 a *muedo,* 'canto'; comp. lat. "modus". Du Cange, *Glossarium.*— **c** *caudal,* 'capital, principal'; se refiere a la Virgen María.
30 b *toda la clerecía,* tiene valor de plural, y por ello "can-

Todos li façen cort a la Virgo Maria:
Estos son rossennoles de grand plaçenteria.

31   Tornemos ennas flores que conponen el prado,
Que lo façen fermoso, apuesto e temprado:
Las flores son los nomnes que li da el dictado
A la Virgo Maria, madre del buen criado.

32   La bendicta Virgen es estrella clamada,
Estrella de los mares, guiona deseada,
Es de los marineros en las cuitas guardada,
Ca quando essa veden, es la nave guiada.

33   Es clamada, e eslo de los cielos, reyna,
Tiemplo de Jesu Cristo, estrella matutina,
Sennora natural, piadosa vezina,
De cuerpos e de almas salud e medicina.

34   Ella es vellocino que fué de Gedeon,
En qui vino la pluvia, una grand vission:
Ella es dicha fonda de David el varon,
Con la qual confondió al gigant tan fellon.

35   Ella es dicha fuent de qui todos bevemos,

tan" está también en plural.— c *li*, es el dativo antiguo del
pronombre tercera persona; véase 31 *c*.
    31 c *dictado*, 'libro, texto'; es una de las formas de que
Berceo se sirve para aludir a sus fuentes literarias; véase 41 *o*
y nuestra introducción.
    32 b *guiona*, 'guía'.— c *guardada*, 'mirada, observada'.
    33 a *e;* el ms. Ibarreta, "hi"; Sánchez y Janer, "y".
    34 c *fonda*, 'honda'.—d *fellon*, 'felón'.

Ella nos dió el cevo de qui todos comemos,
Ella es dicha puerto a qui todos corremos,
E puerta por la qual entrada atendemos.

36   Ella es dicha puerta, en si bien encerrada,
Pora nos es abierta, pora darnos la entrada;
Ella es la palomba de fiel bien esmerada,
En qui non cae ira, sienpre está pagada.

37   Ella con grand derecho es clamada Sion,
Ca es nuestra talaya, nuestra defension:
Ella es dicha trono del rey Salomon,
Rey de grand iusticia, sabio por mirazon.

38   Non es nomne ninguno que bien derecho venga,
Que en alguna guisa a ella non avenga:
Non a tal que raiz en ella no la tenga,
Nin Sancho nin Domingo, nin Sancha nin Domenga.

39   Es dicha vid, es uva, almendra, malgranada
Que de granos de graçia está toda calcada;
Oliva, cedro, bálssamo, palma bien aiumada,

---

35 b *cevo*, 'comida'.
36 b *Pora nos*, 'para nosotros'.— c *palomba de fiel bien esmerada*, 'paloma de hiel bien limpia, pura', es decir, 'sin hiel'; véase el dicho corriente "paloma sin hiel" en COVARRUBIAS, s. v. "paloma".— d *pagada*, 'satisfecha'.
37 b *talaya*, 'atalaya'.— *defension*, 'defensa'.— d *por mirazon*, 'de modo admirable, digno de admiración'.
39 a *malgranada*, 'granada'; la forma "milgranos" aparece en 4 b; véase DU CANGE, *Glossarium*, "Gutta malogranata".— b *calcada*, 'llena'; Janer leyó "calçada".— c *bien aiumada*.

Piértega en que sovo la serpiente alzada.

40   El fust de Moyses enna mano portava
Que confondió los sabios que Faraon preciava,
El que abrió los mares e depues los cerrava
Si non a la Gloriosa, al non significava.

41   Si metieremos mientes en ell otro baston
Que partió la contienda que fue por Aaron,
Al non significava, como diz la lection,
Si non a la Gloricsa, esto bien con razon.

42   Sennores e amigos, en vano contendemos,
Entramos en grand pozo, fondo nol trovaremos;
Más serien los sus nomnes que nos della leemos
Que las flores del campo del más grand que savemos.

43   Desuso lo dissiemos que eran los fructales
En qui facien las aves los cantos generales,
Los sus sanctos miraclos grandes e principales,
Los quales organamos ennas fiestas caubdales.

44   Quiero dexar con tanto las aves cantadores,

'con cabellera, con largas hojas'; compárese 409 *d;* véase
A. CASTRO, *Rev. Fil. Esp.*, I, 402-404. y III, 68.— d *piérte-
ga*, 'pértiga, vara'; alude a la vara de Moisés, de que habla en
la copla siguiente.— *sovo*, 'fué', es la forma antigua del pretérito
de ser.

  40 a *fust*, 'vara'.— *enna*, 'en la'.— d *al*, 'otra cosa'.
  41 c *lection*, 'libro, texto'; véase 31 *c.*
  42 b *nol*, 'no le'.
  43 d *organamos*, 'cantamos'.— *caubdales*, 'principales'.
  44 a *cantadores*, 'cantadoras'; los adjetivos en "-or" no te-

Las sombras e las aguas, las devant dichas flores:
Quiero destos fructales, tan plenos de dulzores,
Fer unos pocos viessos, amigos e sennores.

45   Quiero en estos arbores un ratiello sobir,
E de los sos miraclos algunos escrivir,
La Gloriosa me guie que lo pueda complir,
Ca yo non me trevria en ello a venir.

46   Terrélo por miraculo que lo faz la Gloriosa
Si guiarme quisiere a mi en esta cosa:
Madre plena de gracia, Reyna poderosa,
Tu me guia en ello, ca eres piadosa.

47   En Espanna cobdicio de luego empezar:
En Toledo la magna, un famado logar,
Ca non sé de qual cabo empieze a contar,
Ca más son que arenas en riba de la mar.

---

nían en la Edad Media, por lo general, femenino: "espadas
tajadores", *Cid*, 3073.— d *viessos*, 'versos'.
45 d *trevria*, 'atrevería'.
46 a *terrélo*, 'lo tendré'; véase 1 *d*.
47 d *riba*, 'ribera, orilla'.

I. La casulla de San Ildefonso

48   En Toledo la buena, essa villa real
Que iaze sobre Taio, essa agua cabdal,
Ovo un arzobispo, coronado leal,
Que fué de la Gloriosa amigo natural.

49   Dizienli Yldefonso, dizlo la escriptura,
Pastor que a su grei dava buena pastura:
Omne de sancta vida que trásco grand cordura:
Que nos mucho digamos so fecho lo mestura.

50   Sienpre con la Gloriosa ovo su atenencia,
Nunqua varon en duenna metió maior querencia,
En buscarli servicio methie toda femencia,
Facie en ello seso e buena providencia.

---

48 c *coronado*, 'clérigo'; "coronado leal" es frase que se
añade al hablar de obispos y otros jerarcas de la Iglesia; así
aparece en 57 *a*, 414 *a;* "el leal coronado, bispo de la cib-
dad", *San Millán*, 74 *a;* "e obispo don Jerome, coronado leal",
Cid. 1501.

49 b *pastura*, 'pasto'.— **c** *trasco*, 'trajo, usó'.— **d** *mestura*,
'descubre, explica': "aquellos que el fallare faziendo danno en
las miesses, que los non acubra, mas que los mesture a aquel
que el danno recibiere", *Fuero de Soria*, pág. 64. La frase se
repite exactamente igual en 375 *d*.

50 a *atenencia*, 'amistad'.—**c** *femencia*, 'vehemencia'; véase

51   Sin los otros servicios muchos e muy granados
Dos iaz en el escripto, estos son más notados:
Fizo della un libro de dichos colorados
De su virginidat contra tres renegados.

52   Fizol otro servicio el leal coronado,
Fizoli una fiesta en decienbre mediado,
La que cae en marzo dia mui sennalado
Quando Gabriel vino con el rico mandado.

53   Quando Gabriel vino con la messaieria,
Quando sabrosamientre dixo: "Ave Maria",
E dissoli por nuevas que paririe a Messia
Estando tan entrega como era al dia.

---

27 *b.*— **d** *facie en ello seso,* 'hacía esto con discreción, con sentido'.

   51 **b** *iaz en el,* es un caso de haplología, por "iazen en el".— **c** *colorados,* 'compuestos, adornados': "et la mentira dando a entender, con razones coloradas et apuestas". *Conde Lucanor,* ed. Knust, pág. 111. Este sentido tiene también en 89 *a;* véase *Dicc. de Aut.* Pero también tiene el significado de engañosas: "et engaño es enartamiento que los homes facen unos a otros, por palabras mintrosas o encubiertas o coloradas que se dicen con entención de los engañar o de los decebir". *Partida* VII, título XVI, ley I. Compárese la frase "so color de...".—**d** El libro a que alude es el *Liber de virginitate Sanctae Mariae contra tres infideles;* un manuscrito existía entre los códices de San Millán de la Cogolla; véase C. PÉREZ PASTOR, *Indice de los códices de San Millán de la Cogolla,* Madrid, 1908, pág. 35.

   52 **b** *fiesta.* Se trasladó la fiesta de la Anunciación por estar ocupado el día en celebrar la Pasión o Resurrección del Señor, al 18 de diciembre. Véase FLÓREZ, *España Sagrada,* VI, 199, y nota a 65 *b.*

   53 **d** *entrega,* 'íntegra'

51   Estonz cae un tiempo, esto por connocia,
Non canta la Eglesia canto de alegria,
Non lieva so derecho tan sennalado dia;
Si bien lo comedieremos, fizo grand cortesia.

54   Fizo grand providencia el amigo leal,
Que puso essa festa cerca de la natal,
Asentó buena vinna cerca de buen parral,
La Madre con el Fijo, par que non a egual.

56   Tiempo de quaresma es de afliction,
Nin cantan aleluya, ni facen procesion;
Todo esto asmava el anviso varon:
Ovo luego por ello onrrado gualardon.

57   Sennor Sant Illefonsso, coronado leal,
Fazie a la Gloriosa festa mui general;
Fincaron en Toledo poccos en su ostal
Que non fueron a missa a la sied obispal.

58   El sancto arzobispo, un leal coronado,
Por entrar a la missa estava aguisado:

---

54 a *por connocia*, 'por sabido, por conocido'; compárese:
"Ama, dixo la duenya, segunt mi conosçia", *Apolonio*, 357 *a*.
No hay que leer "cononcia", como Sánchez y Janer, sino "con-
nocia', como en 828 *c*.— d *comedieremos*, 'meditásemos, consi-
derásemos'.
56 c *asmava*, 'estimaba, pensaba'.— *anviso*, 'avisado, sabio'.
d *gualardon*, 'premio'; se presenta también la forma "galar-
dón", 74 *d*.
57 c *ostal*, 'posada, casa'.— d *sied*, 'sede'.
58 b *aguisado*, 'preparado'.— c *se sedie*, literalmente 'se

En su preciosa catedra se sedie asentado;
Adusso la Gloriosa un present mui onrrado.

59   Apareciól la madre del Rey de Magestat
Con un libro en mano de mui grant claridat:
El que él avie fecho de la virginidat.
Plogol a Illefonsso de toda voluntat.

60   Fizoli otra gracia qual nunqua fue oida,
Dioli una casulla sin aguia cosida,
Obra era angelica, non de omne texida,
Fabloli poccos viervos, razon buena, complida.

61   "Amigo, —dissol,— sepas que so de ti pagada,
As me buscada onrra, non simple, ca doblada:
Fecist de mi buen libro, as me bien alavada,
Fecist me nueva festa que non era usada.

62   A la tu missa nueva desta festividat
Adugo te ofrenda de grand auctoridat,
Cassulla con que cantes, preciosa de verdat,
Oy en el dia sancto de Navidat."

---

estaba asentado'. Como "seder, seer", junto al significado de
'estar sentado', tenía el más general de 'ser, estar', Berceo
quiso precisar el sentido, lo que no hace en 64 a.— d adusso,
aduxo, 'trajo'.
    59 d plogol, 'le agradó'.
    60 b aguia, 'aguja'.— d viervos, 'palabras'.— complida, 'per-
fecta, excelente'.
    61 b ca, 'sino'.
    62 b adugo, 'traigo'.— auctoridat, 'valor'.— d es éste un
verso corto, que quizá habría de leerse: "oy en el día sancto de
la Natividat".

63 Dichas estas palabras, la Madre gloriosa
Tollióseli de oios, non vió nulla cosa.
Acabó su officio la persona preciosa
De la Madre de Cristo, criada e esposa.

64 "De seer en la catedra que tu estas posado
Al tu cuerpo sennero es esto condonado;
De vestir esta alba a ti es otorgado,
Otro que la vistiere non será bien hallado."

65 Esta festa preciosa que avemos contada
En general concilio fué luego confirmada:
Es por muchas eglesias fecha e celebrada:
Mientre el sieglo fuere non será oblidada.

---

63 b *tollioseli de oios,* 'se le quitó de la vista, desapareció'.—
d *madre, criada, esposa,* son nombres que Berceo da a la
Virgen.

64 a *seer,* 'sentarse'.: "Venid acá seer... en aqueste esca-
ño", *Cid,* 3114.—**b** *sennero,* 'solo'.—*condonado,* 'concedido, otor-
gado'.— **c** *alba;* es la única vez que Berceo dice que el presente
de la Virgen fué un alba; en 60 *b,* 62 *c,* 68 *b* y 71 *a* habla de
una casulla. El ms. latino de Copenhague, que es la fuente
de Berceo, designa siempre el presente con la palabra "vestimen-
tum"; una sola vez añade como explicación: "quod nos albam
sacerdotalem vocamus". En la cantiga II y en Gautier de Coin-
cy es siempre "alba". Véase MARQUÉS DE VALMAR, *Cantigas,* in-
troducción, págs. 108 y ss.— *ti,* el ms. Ibarreta: "tie".

65 b *general concilio.* Sánchez observa en nota que no fué
"general" el concilio; fué, en efecto, "nacional" este concilio
décimo, celebrado en 1.º de diciembre del año 656: véase FLÓREZ,
España Sagrada, VI, 199. Berceo siguió su fuente con fidelidad:
"in generali concilio confirmata", dice el ms. de Copenhague.—
d *sieglo,* 'mundo'.— *oblidada,* 'olvidada'.

66   Quando plogo a Cristo, al celestial Sennor,
Finó Sant Illefonsso, precioso confesor:
Onrrólo la gloriosa Madre del Criador,
Diol gran onrra al cuerpo, al alma mui meior.

67   Alzaron arzobispo un calonge lozano,
Era mui sovervio e de seso liviano,
Quiso eguar al otro, fué en ello villano,
Por bien non ielo tovo el pueblo toledano.

68   Posose enna catedra del su antecesor,
Demandó la cassulla quel dió el Criador,
Disso palabras locas el torpe peccador,
Pesaron a la Madre de Dios nuestro sennor.

69   Disso unas palavras de mui grand liviandat:
"Nunqua fué Illefonsso de maior dignidat,
Tanbien so consegrado como él por verdat,
Todos somos eguales enna umanidat."

70   Si non fuesse Siagrio tan adelante ido,

67 a *calonge*, 'canónigo'; Berceo usa indistintamente esta forma, 330 *c*, o las de "canonge", 330 *d*, 495 *b*; canónigo, 840 *a*.— *lozano*, 'gallardo, orgulloso'. Comp. 162 *d* y 229 *a*; tiene en estos casos un valor despectivo, pero es más corriente el significado elogioso; véase 594 *c*.— c *eguar*, 'igualar'.— d *ielo*, gelo, 'se lo'.
68 a *antecesor;* el ms. Ibarreta: "antesor".
69 c *so*, 'soy'.
70 a *Siagrio*, nombre del nuevo arzobispo. En otros textos se le llama "Siseberto", como en la *Prim. Crón. Gral.*, pág. 282; véase nota de Sánchez a este verso.

Si oviesse su lengua un poco retenido,
Non seria enna ira del Criador caido,
Ond dubdamos que es, mal peccado, perdido.

71 Mandó a los ministros la casulla traer,
Por entrar a la missa la confession fazer;
Mas non li fo sofrido ni ovo el poder,
Ca lo que Dios non quiere nunqua puede seer.

72 Pero que ampla era la sancta vestidura,
Issioli a Siagrio angosta sin mesura:
Prísoli la garganta como cadena dura,
Fué luego enfogado por la su grand locura.

73 La Virgen gloriosa, estrella de la mar,
Sabe a sus amigos gualardon bueno dar:
Bien sabe a los buenos el bien gualardonar,
A los que la dessierven sabelos mal curar.

74 Amigos a tal madre aguardarla devemos:
Si a ella sirvieremos nuestra pro buscaremos,
Onrraremos los cuerpos, las almas salvaremos,
Por pocco de servicio grand galardon prendremos.

---

72 a *Pero que,* 'aunque'.—**b** *issioli,* de "exir", 'le salió, le
resultó'.— **d** *enfogado,* 'ahogado'.

73 d *dessierven,* "deservir", 'hacen mal servicio': "Si ser-
vir non las pude, nunca las deserví." *Arcipreste de Hita,* 107 *c.*
Compárese 374 *b.*

74 a *aguardarla,* 'servirla'.

II. EL SACRISTÁN IMPÚDICO

75   Amigos, si quisiessedes un pocco esperar,
    Aun otro miraclo vos querria contar
    Que por Sancta Maria denno Dios demostrar,
    De cuya lege quiso con su bocca mamar.

76   Un monge beneito fué en una mongia,
    El logar no lo leo, decir no lo sabria:
    Querie de corazon bien a Sancta Maria,
    Facie a la su statua el enclin cada dia.

77   Facie a la su statua el enclin cada dia,

---

75 c *denno*, 'se dignó'. En la Edad Media este verbo no era reflexivo; véase CUERVO, *Dicc.*, sub "dignarse".— **d** *lege*, debe ser mala lectura por "leche". Compárese frase semejante en 109 *b*. Es una grafía muy rara de la palabra "leche", pero sería muy alambicado pensar en que se refería a la "ley" de María.

76 a *beneito*, 'bendito'. Igual forma es 453 *c*.— *mongia*, 'convento'; véase 81 *a* y 281 *c*.— **b** *el logar no lo leo;* en efecto, en el ms. de Copenhague no cita el lugar de este milagro.— **c** *querie;* el ms. Ibarreta, "querrie".— **d** *enclin*, 'inclinación, reverencia'.

77 a repite el verso anterior. Este encadenamiento de coplas se da bastante en Berceo; véase FITZ-GERALD, *Versifica-*

Fincava los enoios, diçie: "Ave Maria".
El abbat de la casa diól sacritania,
Ca tenielo por cuerdo, e quito de follia.

78   El enemigo malo, de Belzebud vicario,
Que siempre fué e eslo de los buenos contrario,
Tanto pudio bullir el sotil aversario,
Que corrompió al monge, fizo lo fornicario.

79   Príso un uso malo el locco peccador:
De noche, quando era hechado el prior,
Issie por la eglesia fuera de dormitor,
Corrie el entorpado a la mala lavor.

80   Siquier a la exida, siquier a la entrada,
Delante del altar li cadie la passada:
El enclin e la Ave tenie la bien usada,
Non se li oblidava en ninguna vegada.

81   Corrie un rio bono cerca de la mongia,
Avialo de passar el monge todavia,
Do se vinie él de complir su follia

---

cation of the cuaderna via, pág. 96.— b enoios, 'hinojos, rodi-
llas'.— d quito, 'libre, exento'.— follia, 'locura'.
    78 a vicario, 'que hace las veces de Belcebú'.— c pudio,
'pudo'.— d fornicario, 'fornicador'.
    79 c issie, exie, 'salía'.— dormitor, 'dormitorio".— d entor-
pado, 'torpe'.— mala; el ms. Ibarreta, "ma".
    80 a exida, 'salida'.— siquier... siquier, 'tanto... como'.—
b cadie, de "caer", 'tocaba, correspondía'.— c Ave, la oración
del Ave María'.
    81 c do, 'cuando': "do comían e folgavan, en medio de

Cadió et enfogósse fuera de la freiria.

82   Quando vino la ora de matines cantar
Non avia sancristano que podiesse sonar:
Levantaronse todos, quisque de su logar;
Fueron a la eglesia al fraire despertar.

83   Abrieron la eglesia como meior sopieron,
Buscaron al clavero, trobar no lo podieron,
Buscando suso et iuso, atanto andidieron,
Do iazie enfogado allá lo enfirieron.

84   Que podrie seer esto no lo podien asmar,
Sis murió ol mataron no lo sabien iudgar,
Era muy grand la basca e maior el pesar,
Ca cadie en mal precio por esto el logar.

85   Mientre iazie en vanno el cuerpo en el rio,
Digamos de la alma en qual pleito se vio:
Vinieron de diablos por ella grand gentio
Por levarla al báratro de deleit bien vazio.

---

su yantar, la puerta del palaçio començo assonar", *Arcipreste de Hita*, 1376.— d *cadio*, 'cayó'.— *enfogosse*, 'se ahogó'.— *freiría*, 'convento, monasterio'.

82 a *matines*, 'maitines'.— b *sonar*, 'tocar'.— c *quisque*, 'cada uno'.— d *despertar;* el ms. Ibarreta, 'desperar'.

83 c *suso et iuso*, 'arriba y abajo, por todas partes'.— *andidieron*, 'anduvieron'; el ms. Ibarreta, "andieron".— d *enfirieron*, 'encontraron'.

84 a *asmar*, 'pensar'.— b *sis*, 'si se'.— *ol*, 'o le'.

85 d *báratro*, 'infierno'.

86   Mientre que los diablos la traien com a pella,
Vidieronla los angeles, descendieron a ella,
Ficieron los diablos luego muy grand querella:
Que suya era quita, que se partiessen della.

87   Non ovieron los angeles razon de vozealla,
Ca ovo la fin mala, e asin fué sin falla,
Tirar non lis podieron valient una agalla,
Ovieron a partirse tristes de la vatalla.

88   Acorrioli la Gloriosa, reyna general,
Ca tenien los diablos mientes a todo mal:
Mandolis atender, non osaron fer al,
Moviolis pletesia firme e muy cabdal.

89   Propuso la Gloriosa palabra colorada:
"Con esta alma, foles, —diz,— non avedes nada,
Mientre fué en el cuerpo fué mi acomendada,
Agora prendrie tuerto por yr desanparada."

90   De la otra partida recudió el vozero,
Un savidor diablo sotil et muy puntero:

---

86 a *com*, 'como'.— *pella*, 'pelota'.— d *quita*, 'propia'.
87 c *tirar*, 'sacar'.— *valient una agalla*, 'que valiese una agalla'; véase nota a 9 *d*.
88 c *atender;* el ms. Ibarreta, "ateder".— *fer*, 'hacer'.
89 c *colorada;* véase nota a 51 *c*.— b *foles* 'locos'.— *avedes;* el ms. Ibarreta, "audes".
90 a *recudió*, 'replicó, respondió'.— b *puntero*, 'exacto, preciso': "verdadero deve otrosi el bozero seer, non razonando falsamente las leyes... nin siendo puntero, nin escatimoso, nin demandando plazos por razon de alongar aquel pleito a sabien-

"Madre eres de fijo, alcalde derechero,
Que nol plaze la fuerza nin es end plazentero.

91   Escripto es que el omne alli do es fallado,
O en bien o en mal por ello es iudgado:
Si esti tal decreto por ti fuere falssado,
El pleit del Evangelio todo es descuiado."

92   "Fablas,—diz la Gloriosa,—a guis de cosa nescia:
Non te riepto, ca eres una cativa bestia:
Quando ixió de casa, de mí príso licencia,
Del peccado que fizo yol daré penitencia.

93   Serie en fer vos fuerza non buena parecencia;
Mas apello a Cristo, a la su audiencia,
El que es poderoso, pleno de sapiencia:
De la su boca quiero oir esta sentencia."

94   El Rey de los cielos, alcalde savidor,
Partió esta contienda, non vidiestes meior:
Mandó tornar la alma al cuerpo el Sennor,
Dessent qual mereciesse recibrie tal onor.

---

das." *Opúsculos legales,* tomo I, pág. 235.— c *alcalde derechero,*
'juez recto'; esta frase la repite Berceo: "el rey de los reyes,
alcalde derechero." *Signos,* 49 a. Véase también 94 a.— d *end,*
'en ello'.

91 d *descuiado,* por "descuaiado", 'descuajado, destruído':
"tu nos envia vito que sea aguisado, por ond este convento non
sea descuaiado." *Santo Domingo,* 451.

92 a   *a guis de,* a guisa de, 'como'.— b *riepto,* 'reto'.— *ca-
tiva,* 'infeliz'.

94 d   *dessent,* 'después, desde entonces'.— *qual,* 'el que lo'.

95   Estava el convento triste e dessarrado
     Por esti mal exiemplo que lis era uviado:
     Resuscitó el fraire que era ya passado,
     Espantaronse todos, ca era aguisado.

96   Fablólis el buen omne, disso lis: "Companneros
     Muerto fui e so vivo, desto seet bien certeros,
     ¡Grado a la Gloriosa que salva sos obreros,
     Que me libro de manos de los malos guerreros!"

97   Contólis por su lengua toda la ledania
     Qué dizien los diablos, e qué Sancta Maria,
     Como lo quitó ella de su podestadia:
     Si por ella non fuesse, seria en negro dia.

98   Rendieron a Dios gracias de buena boluntat,
     A la sancta Reyna madre de piadat,
     Que fizo tal miraclo por su benignidat,
     Por qui está más firme toda la cristiandat.

99   Confessóse el monge e fizo penitenzia,
     Meioróse de toda su mala contenencia,
     Sirvió a la Gloriosa mientre ovo potencia,

---

95 a *desarrado*, 'desamparado'; "triste e desarrado" **es** frase que se repite en 226 *a* y 401 *c.*— **b** *uviado*, 'llegado'.— **d** *aguisado*, 'en buen estado'.

96 c *grado*, 'agradecimiento'.

97 c *podestadia*, 'poder, potestad'.

98 b *madre;* el ms. Ibarreta, "mader".

99 Se encuentran, aunque rara vez, coplas de cinco versos. Véase FITZ-GERALD, *Versification of the cuaderna via,* pág. 99.

Finó quando Dios quiso sin mala repindencia,
Requiescat in paze cun divina clemencia.

100   Muchos tales miraclos e muchos más granados
Fizo Sancta Maria sobre sos aclamados:
Non serien los millesimos por nul omne contados:
Mas de los que sopieremos seed nuestros pagados.

---

y SÁNCHEZ, pág. XVI; otra copla de cinco versos es la 866.—
d *repindençia*, 'arrepentimiento'.— e *requiescat;* el ms. Ibarreta,
"requiescant".

III. El clérigo y la flor

¹⁰¹ Leemos de un clérigo que era tiest herido,
Ennos vicios seglares fera mient enbevido;
Pero que era locco, avie un buen sentido,
Amava la Gloriosa de corazon complido.

¹⁰² Como quiere que era en al mal costumnado,
En saludar a ella era bien acordado;
Nin irie a la eglesia nin a ningun mandado
Que el su nomne ante non fuesse aclamado.

¹⁰³ Dezir no lo sabria sobre qual ocasion,
Ca nos no lo sabemos si lo buscó o non,
Dieron li enemigos salto a est varon,
Ovieron a matarlo, domne Dios lo perdon.

---

101 a *tiest herido,* 'cabeza ligera, loco'.— b *fera mient,* 'fieramente, muy'.

102 a *al,* 'todo'; Sánchez y Janer corrigen "el".

103 c *dieron li... salto,* 'le asaltaron'.— d *domne,* domine, 'señor'.

104 Los omnes de la villa e los sus companneros,
Esto como cuntiera, com non eran certeros,
Defuera de la villa entre unos riberos
Allá lo soterraron non entre los dezmeros.

105 Pesól a la Gloriosa con est enterramiento,
Que iazie el su siervo fuera de su conviento;
Apareziól a un clérigo de buen entendimiento,
Dissoli que fizieran en ello fallimiento.

106 Bien avie xxxᵗᵃ dias que era soterrado:
En término tan luengo podie seer dannado:
Dissol Sancta Maria: "Fiziestes desguissado,
Que iaz el mi notario de vos tan apartado.

107 Mándote que lo digas: que el mi cancellario
Non mereçie seer echado del sagrario;
Dilis que no lo dexen y otro trentanario:
Metanlo con los otros en el buen fossalario."

108 Demando li el clérigo que iazie dormitado:

---

104 b *cuntiera,* 'aconteciera'.— **c** *riberos,* 'ribazos'.— **d** *dezmeros,* 'diezmeros', los que pagan diezmos a la Iglesia, los 'cristianos'.

105 d *fallimiento,* 'yerro, equivocación'.

106 d *notario.* Este cargo, que Lanchetas no acierta a explicarse, responde al título de "cancellarius", que en el ms. de Copenhague aparece, y que repite Berceo en 107 *a* y 109 *d.*

107 a *cancellario,* 'canciller'.— **c** *y,* 'allí'.— *trentanario,* 'treinta días': "que mandase a otra eglesia para aniversario, o treintanario, o veintenario, o setenario." *Partida* I, título XIII, ley VI.— **d** *fossalario,* 'osario, cementerio'.

"¿Qui eres tu que fablas? dime de ti mandado,
Ca quando lo dissiero, seráme demandado,
Qui es el querelloso, o qui el soterrado."

109   Dissoli la Gloriosa: "Yo so Sancta Maria,
Madre de Jesu Cristo, que mamó leche mia:
El que vos desechastes de vuestra compannia,
Por cancellario mio yo a essi tenia.

110   El que vos soterrastes luenne del cimiterio,
Al que vos non quisiestes fazer nul ministerio,
Io por esti te fago todo est reguncerio:
Si bien non lo recabdas, tente por en lazerio."

111   El dicho de la duenna fué lugo recabdado,
Abrieron el sepulcro apriesa e privado,
Vidieron un miraclo non simple, ca doblado,
El uno e el otro fué luego bien notado.

112   Yssieli por boca una fermosa flor
De muy grand fermosura, de muy fresca color,
Inchie toda la plaza de sabrosa olor,

---

108 c *dissiero*, 'dijera'.

110 a *luenne*, 'lejos'.— **b** *nul*, 'ningún'.— *ministerio*, 'servicio religioso'.— **c** *reguncerio*, 'relato, exposición': "serie grand regunçerio, podrievos enoyar", *San Lorenzo*, 17 *b*; véase CORNU, *Romania*, X, 405.

111 a *lugo*, 'luego'; aunque rara vez, aparece esta forma en textos medievales: "Otro día otrosí, venieron a Villa Alal, et recibieron lugo, et dieronle la vida", *Prim. Cron. Gral.*, 722 b, 40. Véase HANSSEN, *Graim.*, § 53. Sánchez y Janer leyeron "luego".— **b** *privado*, 'prontamente, presto'.

Que non sentien del cuerpo un punto de pudor.

113 Trobaronli la lengua tan fresca e tan sana
Qual pareze de dentro la fermosa mazana:
No la tenie más fresca a la merediana
Quando sedie fablando en media la quintana.

114 Vidieron que viniera esto por la Gloriosa,
Ca otri non podrie fazer tamanna cosa:
Transladaron el cuerpo, cantando "speciosa",
Aprés de la eglesia en tumba más preciosa.

115 Todo omne del mundo fará grand cortesia
Qui fiziere servicio a la Virgo Maria:
Mientre que fuere vivo, verá plazenteria,
E salvará el alma al postremero dia.

---

112 d *pudor*, 'hedor': "En todas sus camaras non azen nun-
ca flores, se non spinas duras e cardos ponnidores, tovas que
fazen fumes e amargos pudores." *Alexandre, M.*, 2180. .
113 c *merediana*, 'medio día'.— d *quintana*, 'quinta'.
114 d *après*, 'cerca'.

IV. El premio de la Virgen

116   Dun clerigo otro nos diz la escriptura
Que de Sancta Maria amava su figura:
Siempre se inclinava contra la su pintura,
Avie mui grand verguenza de la su catadura.

117   Amava al so Fijo e amaba a ella,
Tenie por sol al Fijo, la Madre por estrella,
Querrie bien al fijuelo e bien a la ponzella,
Porque los servie pocco estava con grand querella.

118   Apriso cinco motes, motes de alegria
Que fablan de los gozos de la Virgo Maria:
Dizie ielos el clerigo delante cada dia,
Avie ella con ellos mui grand plaçenteria.

119   "Gozo ayas, Maria, que el angel credist,
Gozo ayas, Maria, que virgo conçebist,

---

116 d *catadura*, 'mirada'.
117 c *ponzella*, 'doncella, virgen': "en ques miran todas, casadas e ponçellas." *Alexandre, M.,* 1366 *d.*
118 a *motes*, 'palabras, dichos'.

Gozo ayas, Maria, que a Cristo parist:
La lei vieia çerresti, e la nueva abrist."

120   Quantas fueron las plagas que el Fijo sufrio,
Dizie él tantos gozos a la que lo pario:
Si bono fo el clerigo, e bien lo mereçio,
Ovo gualardon bueno, buen grado reçibio.

121   Por estos cinco gozos debemos al catar,
Cinco sesos del cuerpo que nos facen peccar,
El ver, el oir, el oler, el gostar,
El prender de las manos que dizimos tastar.

122   Si estos cinco gozos que dichos vos avemos,
A la Madre gloriosa bien gelos ofrecemos,
Del ierro que por estos v sesos facemos,
Por el so sancto ruego grand perdon ganaremos.

123   Enfermó esti clerigo de mui fuert manera
Que li querien los oios essir de la mollera,
Tenie que era toda complida la carrera,
E que li venie cerca la hora postremera.

124   Apareciol la Madre del Rey celestial
Que en misericordia nunqua ovo egual:
"Amigo, —dissol,— salvete el Sennor spirital,

---

119 d *çerresti*, 'cerraste'.
120 a *plagas*, 'llagas'.
121 a *debemos al catar*, 'debemos entender otra cosa'.—
b *sesos*, 'sentidos'.— *tastar*, 'tocar'.

De cuya Madre fust tu, amigo leal.

125   Afuerzate, non temas, non seas desmarrido:
Sepas serás ayna desti dolor guarido:
Tente con Dios a una por de cuita essido,
Ca dizlo el tu pulso, que es bueno conplido.

126   Io cerca ti estando, tu non ayas pavor,
Tente por meiorado de toda la dolor:
Recebí de ti siempre servicio e amor,
Darte quiero el precio de essa tu lavor."

127   Bien se cuidó el clerigo del lecho levantar,
E que podrie por campo en sos piedes andar;
Mas a grand diferencia de saver a cuidar:
Ovose otra guisa esto a terminar.

128   Bien se cuido el clerigo de la preson essir
Con sus connocientes deportar e reir;
Mas non podio la alma tal plazo reçebir:
Desamparó el cuerpo, ovo end a essir.

129   Prísola la Gloriosa, de los cielos reyna,

---

124 d *fust*, 'fuiste'.
125 a *afuérzate*, 'esfuérzate, cobra ánimo'.— *desmarrido*,
'triste, afligido'; igual significado tenía "marrido".— b *guarido*,
'salvado, curado'.
127 a y c *cuidar*, 'pensar, imaginar'; el verso c parece una
frase hecha: 'hay gran diferencia de imaginarse a saber cierta-
mente algo, de la fantasía a la realidad'.
128 b *connocientes*, 'conocidos'.— *deportar*, 'solazarse, tan-
to en la conversación como con juegos corporales'; véase ME-
NÉNDEZ PIDAL, *Cantar*, pág. 620.— c *podio*, 'pudo'.

Fuesse la afijada con la buena madrina,
Prisieronla los angeles con la gracia divina,
Levaronla al cielo do el bien nunqua fina.

130   La Madre Gloriosa lo que li prometio,
Benedicta sea ella que bien gelo cumplio:
Como lo dizie ella él no lo entendio;
Mas en quanto que disso verdadera issio.

131   Quantos la voz udieron e vidieron la cosa,
Todos tenien que fizo miráculo la Gloriosa:
Tenien que fué el clerigo de ventura donosa
Glorificavan todos a la Virgo preciosa.

---

129 d *fina,* 'termina'.

V. El pobre caritativo

132   Era un omne pobre que vivie de razïones,
       Non avie otras rendas nin otras furciones,
       Fuera quanto lavrava, esto poccas sazones,
       Tenie en su alzado bien poccos pepiones.

133   Por ganar la Gloriosa que él mucho amava,
       Partielo con los pobres todo quanto ganava,
       En esto contendia e en esto punnava,
       Por aver la su gracia su mengua oblidava.

134   Quando ovo est pobre dest mundo a passar
       La Madre gloriosa vinolo conbidar,
       Fabloli mui sabroso, querielo falagar,
       Udieron la palavra todos los del logar:

135   "Tu mucho cobdiciest la nuestra conpannia,

---

132 a *razïones*, 'limosnas'.— b *furciones*, 'infurciones, tribu-
tos'.— c *fuera quanto*, 'aparte de lo que'.— d *alzado*, 'pose-
sión'; el verbo "alzar" tiene el significado de 'recoger, guardar':
"muchos de los ricos homes... tenían en aquellas islas alza-
dos grandes haberes." *Conquista de Ultramar*, pág. 545.— *pe-
piones*, 'moneda de poco valor'.

Sopist pora ganarla bien buena maestria,
Ca parties tus almosnas, dizies Ave Maria:
Porque lo fazies todo yo bien lo entendia.

136   Sepas que es tu cosa toda bien acabada,
Esta es en que somos la cabera iornada,
El ite missa est conta que es cantada,
Venida es la hora de prender la soldada.

137   Io so aqui venida por levarte comigo
Al regno de mi Fijo que es bien tu amigo,
Do se ceban los angeles del buen candial trigo;
A las sanctas virtutes plazerlis a contigo."

138   Quando ovo la Gloriosa el sermon acabado,
Desamparó la alma al cuerpo venturado,
Prisieron la de angeles un convento onrrado,
Levaronla al cielo, Dios sea end laudado.

139   Los omnes que avien la voz ante oida,
Tan aina vidieron la promessa complida;
A la Madre gloriosa que es tan comedida,
Todos li rendïen gracias, quisque de su partida.

140   Qui tal cosa udiesse, serie mal venturado,
Si de Sancta Maria non fuesse muy pagado:

---

135 c *almosnas,* 'limosnas'.
136 b *cabera,* 'última'.— d *soldada,* 'recompensa'.
138 c *convento,* 'conjunto'.
139 b *tan aina,* 'tan pronto'.

Si más no la onrrase serie desmesurado:
Qui de ella se parte, es muy mal engannado.

141   Aun más adelante queremos aguijar,
Tal razon como esta non es de destaiar,
Ca estos son los arbores do debemos folgar,
En cuya sombra suelen las aves organar.

141 a *aguijar,* 'caminar de prisa'.— b *destaiar,* 'cortar'.

VI. EL LADRÓN DEVOTO

142   Era un ladron malo que más querie furtar
Que ir a la eglesia ni a puentes alzar:
Sabie de mal porcalzo su casa governar,
Uso malo que priso no lo podie dejar.

143   Si facia otros males, esto non lo leemos;
Seria mal condempnarlo por lo que non savemos;
Mas abonde nos esto que dicho vos avemos:
Si al fizo, perdoneli Cristo en qui creemos.

144   Entre las otras malas avia una bondat
Que li valió en cabo e dioli salvedat:

---

142 b *puentes alzar*, 'construír puentes'; era una peniten-
cia u obligación inexcusable a los clérigos, según las *Partidas*, I,
título VI, ley LIV: "Pero alguna cosas hi ha en que tovo por
bien Santa Eglesia que se non podiesen escusar (los clérigos)
de ayudar a los legos, así como en las puentes que se facen
nuevamientre en los lugares o son menester a pro comunal de
todos." Compárese *Part.* I, tít. IV, ley XCIII.— **c** *porcalzo*,
'percance' (?), 'con poca utilidad'; quizás haya que leer "por
caszo", como el ms. *V. de Santo Domingo*, 217 *b*. Véanse las
otras variantes en la edición de FITZ-GERALD, *Santo Domingo*,
página 39.

Credia en la Gloriosa de toda voluntat,
Saludavala siempre contra la su magestat.

145   Dizia Ave Maria e más de escriptura:
Siempre se inclinava contra la su figura;
Dizia Ave Maria e más de escriptura,
Tenia su voluntat con esto más segura.

146   Como qui en mal anda en mal a a caer,
Ovieronlo con furto est ladron a prender,
Non ovo nul conseio con que se defender,
Yudgaron que lo fuessen en la forca poner.

147   Levólo la justicia pora la crucejada
Do estava la forca por conceio alzada,
Prisieronli los oios con toca bien atada,
Alzaronlo de tierra con soga bien tirada.

148   Alzaronlo de tierra quanto alzar quisieron,
Quantos cerca estavan por muerto lo tovieron:
Si ante lo sopiessen lo que depues sopieron,
No li ovieran fecho esso que li fizieron.

149   La Madre Gloriosa duecha de acorrer,
Que suele a sus siervos ennas cuitas valer,

---

144 d   *contra*, 'en favor de'; véase Cuervo, *Dicc*.
145 a   *e más de escriptura*, 'y lo demás de la oración'; este verso se repite en *c*. Es raro encontrar en Berceo versos repetidos dentro de la misma copla.
147 b   *por conceio alzada*, 'levantada por el concejo'.
149 a   *duecha*, 'ducha, experimentada'; véase Hanssen, *Gram.*, § 87.

A esti condenpnado quisoli pro tener,
Menbroli el servicio que li solie fer.

150   Metioli so los piedes do estava colgado,
Las sus manos preciosas: tóvolo alleviado,
Non se sintió de cosa ninguna embargado,
Non sovo plus vicioso nunqua, ni más pagado.

151   Ende al dia terzero vinieron los parientes,
Vinieron los amigos e los sus connocientes,
Vinien por descolgallo rascados e dolientes;
Sedie meior la cosa que metien ellos mientes.

152   Trobaronlo con alma alegre e sin danno,
Non serie tan vicioso si ioguiese en vanno;
Dizie que so los piedes tenie un tal escanno,
Non sintrie mal ninguno, si colgasse un anno.

153   Qvando lo entendieron los que lo enforcaron,
Tovieron que el lazo falsso gelo dexaron:
Fueron mal rependidos que no lo degollaron:
Tanto gozarien desso quanto depues gozaron.

---

150 b *alleviado*, 'aliviado'.— c *embargado*, 'abrumado'.—
d *plus*, 'más'.
151 c *rascados*. Era costumbre en los duelos, entre otras
manifestaciones de desesperación, arañarse la cara: "mas los
duelos que facen los homes en que se mesan los cabellos o se
rompen (var. rascan) las caras et las desafiguran, o se fieren
de guisa que se vengan a lisión o a muerte... estos duelos son
malos." *Partida* I, tít. IV, ley C.
152 b *vanno*, 'baño'.
153 b *gelo*, 'se lo'.

154   Fueron en un acuerdo toda essa mesnada,
Que fueron engannados enna mala lazada,
Más que lo degollassen con foz o con espada;
Por un ladron non fuesse tal villa afontada.

155   Fueron por degollarlo los manzebos más livianos,
Con buenos seraniles grandes e adianos:
Metió Sancta Maria entre medio las manos,
Fincaron los gorgueros de la golliella sanos.

156   Quando esto vidieron que nol podien nocir,
Que la Madre Gloriosa lo querie encobrir,
Ovieronse con tanto del pleito a partir,
Hasta que Dios quisiesse, dexaronlo vevir.

157   Dexaronlo en paz, que se fuesse su via,

---

154 a *mesnada*, 'conjunto de vasallos'. Berceo emplea a menudo esta palabra para designar 'reunión de personas de cualquier clase o de la misma religión, del mismo convento, etc.'. Véase 288 c, *Sacrificio*, 67 y 68; *Santa Oria*, 69.— d *afontada*, 'deshonrada'.

155 b *seraniles*, de sierra, 'instrumento cortante': "et para ferir a manteniente deben haber cuchiellos, puñales et serraniles, et espadas, et hachas, et porras." *Partida* II, tít. XXIV, ley IX.— *adianos*, 'valiosos, experimentados'. Véase C. MICHAËLIS DE VASCONCELLOS. *Rev. Lusitana*, 1908, XI, 43.— d *gorgueros*, quizá por garguero, 'parte interior de la garganta'; aunque esta palabra no podría usarse, en este caso, en plural. No creo que sea, como dice LANCHETAS, un 'adorno del cuello' o "gorgueras".— *golliella*, 'cuello': "cadena en goliella leváválo cativo." *Alexandre*, *M.*, 907 c. También dice LANCHETAS que se trataba de otro adorno, pero el uso de la "golilla" no es de la Edad Media; véase *Dicc. Autoridades*.

156 a *nocir*, 'dañar'.

Ca ellos non querien ir contra Sancta Maria,
Meioró en su vida, partióse de follia:
Quando cumplió su corso murióse de su dia.

158 Madre tan piadosa de tal benignidad,
Que en buenos e en malos face su piadad,
Debemos bendicirla de toda voluntad:
Los que la bendissieron ganaron grant rictad.

159 Las mannas de la Madre con las del que pario,
Semeian bien calannas, qui bien las connocio:
El por bonos e malos por todos descendio:
Ella si la rogaron, a todos acorrio.

---

157 d *corso*, 'curso, carrera, vida'.
158 d *rictad*, 'riqueza'.
159 b *calannas*, 'semejantes, iguales'.

VII. El monje y San Pedro

160   En Colonna, la rica cabeza de regnado,
       Avie un monesterio de Sant Peidro clamado:
       Avie en el un monge asaz mal ordenado:
       De lo que diz la regla ‘avie pocco cuidado.

161   Era de pocco seso, facie mucha locura,
       Porque lo castigavan non avie nulla cura;
       Cuntiól en est comedio mui grand desaventura:
       Parió una bagassa dél una creatura.

162   Por salud de su cuerpo e por vevir más sano
       Usava lectuarios apriesa e cutiano,
       En yvierno calientes, e frios en verano,
       Devrie andar devoto e andaba lozano.

163   Vivie en esta vida en grand' tribulacion,
       Murió por sus peccados por fiera ocasion,

_____

161 d *bagassa*, 'meretriz'; véase Covarrubias, *Tesoro*.
162 b *lectuarios*, 'composición medicinal a base, principal-
mente, de jarabes'.— *cutiano*, 'cotidiano, todos los días'.— d *lo-
zano*, 'alegre'.
163 b *ocasión*, 'daño grave'.

Nin priso Corpus Domini, nin fizo confession,
Levaron los diablos la alma en preson.

164　San Peidro el apostol ovo del conpassion,
Ca en su monesterio fiziera profession:
Rogo a Jesu Cristo con grand devocion
De su misericordia quel ficiese racion.

165　Dissol Jesu Cristo: "Peidro el mi amado,
Bien sabes tu que diso David en su dictado,
Que essi folgarie en el monte sagrado
Que entró sin mançiella e quito de peccado.

166　Essi por qui tu ruegas fincada tu rodiella,
Nin obrava justicia, nin vivie sin manciella:
Por la su compannia non valió más la ciella:
¿En qual él mereció posar a en tal siella?"

167　Rogó a las vertutes Sant Peidro celestiales
Que rogassen al padre de los penitenciales,
Que quitassen est ome de los lazos mortales:
Recudióli palavras como las otras tales.

168　Tornó en la Gloriosa Madre del nuestro don,
E en las otras virgines que de su casa son:

---

164 d　*racion*, 'participación'.
165 c　*quito*, 'libre, limpio'.— *mançiella;* el ms. Ibarreta,
"maçiella".
166 c　*ciella*, 'monasterio, convento'.
167 b　*padre de los penitenciales*, de los 'penitentes', es de-
cir, 'Cristo'.— d *recudioli*, 'respondióle'.
168 a　*don*, 'señor'.

Fueron ellas a Cristo con grand suplicacion,
Por la alma del monge fiçieron oracion.

169 Quando vio don Cristo la Madre Gloriosa,
E de las sus amigas procession tan preciosa,
Issió a recebirlas de manera fermosa:
¡Alma que lo vidiesse serie bien venturosa!

170 "Madre —dijo don Cristo—, yo saberlo querria:
¿Qué negocio vos trae con esta compannia?"
"Fijo —disso la madre—, a rogarvos venia
Por alma de un monge de fulana mongia."

171 "Madre —dijo el fijo—, non serie derechura
Tal alma de tal omne entrar en tal folgura:
Serie menoscabada toda la escriptura;
Mas por el vuestro ruego faremos y mesura.

172 Quiero fazer atanto por el vuestro amor:
Torne aun al cuerpo en qui fo morador,
Faga su penitencia como faz peccador,
E puede seer salvo por manera meior."

173 Quando udió Sant Peidro esti tan dulz mandado,
Vió que su negocio era bien recabdado:
Tornó a los diablos, conceio enconado:
La alma que levavan, tolliógela sin grado.

170 d *fulana*, 'tal', sustituyendo al nombre del monasterio.
173 b *recabdado*, 'alcanzado, conseguido',— d *tolliogela*, 'se la quitó'.

174   Diogela a dos ninnos de muy grant claridat,
Creaturas angélicas de muy grand sanctidat:
Dió jela en comienda de toda voluntat,
Por tornarla al cuerpo con grand seguridat.

175   Dieron iela los ninnos a un fradre onrrado
Que fuera en su orden de chiquinez criado:
Levóla él al cuerpo que iaçie mortaiado:
Resuscitó el monge, Dios sea end laudado.

176   A la alma del monge dijoli la su guia
El fraire ome bueno, que ante vos dizia:
"Io te ruego por Dios e por Sancta Maria
Que tengas un clamor tu por mi cada dia.

177   Otra cosa te ruego, que la mi sepultura,
Que iaz toda cubierta de suso de vasura,
Tu la hagas varrer por tu buena mesura:
Tu lo cumpli, si Dios te dé buena ventura."

178   Resuscitó el monge, el que era transido;
Pero por un gran dia sovo fuert estordido;
Maguer tornó en cabo en todo so sentido,
Regunzó al convento por qué avie trocido.

---

175 b *de chiquinez,* 'desde la niñez'.
177 d *cumpli,* 'cumple'.
178 b *estordido,* 'aturdido': "por fuerza hobo de fincar el
un hinojo, e de manera fue estordido que la espada se le ho-
biera a caer de la mano." *Conquista de Ultramar,* pág. 99.—
d *regunzó,* 'contó'.— *por qué avie trocido,* 'por qué cosas había
pasado'. Compárese 749 *a.*

179   Rendieron a Dios gracias, a la Virgo real,
E al sancto apostolo, clavero celestial,
Que por salvar su monge sufrió porfazo tal:
Non fué esti miraclo de precio sivuelqual.

180   Non aya nadi dubda entre su corazon,
Nin diga esta cosa podrie seer o non:
Ponga enna Gloriosa bien su entencion:
Entendrá que non viene esto contra razon.

181   Como es la Gloriosa plena de bendicion,
Es plena de gracia, e quita de dicion:
Nol serie negada ninguna peticion,
No li diçrie tal fijo a tal madre de non.

---

179 c *porfazo* 'difamación, acusación': "et defamamiento tanto quiere decir como porfazamiento que es fecho contra la fama del home a que dicen en latín infamia." *Partida* VII, título VI, ley I.— **d** *sivuelqual,* 'cualquiera'.

181 b *quita de dicion,* 'libre de mala dicción'. Compárese 228 a.

VIII. El romero de Santiago

182   Sennores e amigos, por Dios e caridat
Oid otro miraclo fermoso por verdat:
Sant Ugo lo escripso de Grunniego abbat
Que cumtió a un monge de su sociedat.

183   Un fraire de su casa, Guiralt era clamado,
Ante que fuesse monge era non bien senado,
Facie a las debeces follia e peccado,
Como omne soltero que non es apremiado.

184   Vinol a corazon do se sedie un dia
Al apostolo de Espanna de ir en romeria:
Aguisó su facienda, buscó su compania,

---

182 c *lo escripso;* así cambia Berceo aquí y en 218, las palabras que encontraba en su fuente, pues el ms. Copenhague dice "solet narrare". En efecto, según observa Sánchez en notas, Hugo de Cluny (o de Grunniego, como pone Berceo) no escribió este milagro, pero lo contaba. Véase BECKER, *Gonzalo de Berceos Milagros und ihre Grundlagen*, pág. 19.— d *cumtió,* 'aconteció'.

183 b *senado,* 'sensato': "fablólo con don Nestor, un hombre bien senado." *Alexandre, M.,* 699 b.— c *debeces,* 'veces'.

184 c *aguisó,* 'dispuso'.

Destaiaron el termino como fuessen su via.

185 Quando a essir ovieron, fizo una nemiga:
En logar de vigilia iogó con su amiga,
Non tomó penitencia como la ley prediga,
Metióse al camino con su mala hortiga.

186 Pocco avie andado aun de la carrera,
Avés podrie seer la iornada tercera,
Ovo un encontrado cabo una carrera,
Mostrabase por bueno, en berdat no lo era.

187 El diablo antigo sienpre fo traidor,
Es de toda nemiga maestro sabidor,
Semeia a la vezes angel del Criador,
E es diablo fino de mal sosacador.

188 Transformóse el falso en angel verdadero,
Parose li delante en medio un sendero:
"Bien seas tu venido, —dissoli al romero,—
Semeiasme cossiella simple como cordero.

189 Essiste de tu casa por venir a la mia:
Quando essir quisiste fizist una follia,
Cuidas sin penitencia complir tal romeria,
Non telo gradiró esto Sancta Maria."

---

184 d *destaiaron*, 'determinaron'.
186 b *avés*, 'apenas, difícilmente'.— c *encontrado*, 'encuentro'.— *cabo*, 'junto a'.
188 b *li;* el ms. Ibarreta, "si".
189 d *gradirá,* 'agradecerá'.

190   "¿ Quien sodes vos, sennor?" dissoli el romero.
Recudiol: "Yo so Iacobo fijo de Zebedeo,
Sepaslo bien, amigo, andas en devaneo,
Semeia que non aves de salvarte deseo."   [dades?

191   Disso Guirald: "Sennor, pues vos ¿que me man-
Complirlo quiero todo quequier que me digades,
Ca veo lo que fize, grandes iniquitades,
Non prisi el castigo que diçen los abbades."

192   Disso el falso Iacob: "Esti es el iudicio:
Que te cortes los miembros que facen el fornicio,
Dessent que te deguelles, farás a Dios servicio,
Que tu carne misma li farás sacrificio."

193   Crediólo el astroso, locco e desessado:
Sacó un cuchellijo que tenie amolado,
Cortó sus genitales el fol mal venturado:
Dessende degollóse, murió descomulgado.

194   Quando los companneros que con elli isieron,
Plegaron a Guiraldo e atal lo vidieron,
Fueron en fiera cuita en qual nunqua sovieron:
Esto cómo avino, asmar no lo pudieron.

195   Vidien que de ladrones non era degollado,

---

190 d *aves*, 'has, tienes'.
191 b *quequier*, 'cualquier cosa que'.
192 c *dessent*, 'después'; otra forma en 193 *d*.
193 a *astrosso*, 'desastroso, infeliz'.— *desessudo*, 'sin seso'.
c *fol*, 'loco'.
194 b *plegaron*, 'llegaron'; véase 324.

Ca nol tollieran nada nil avien ren robado:
Non era de ninguno omne desafiado,
Non sabien de qual guisa fuera ocasionado.

196   Fussieron luego todos, e fueron derramados,
Teniense desta muerte que serien sospechados;
Porque ellos non eran enna cosa culpados,
Que serien por ventura presos e achacados.

197   El que dió el conseio con sus atenedores,
Los grandes e los chicos, menudos e maiores,
Travaron de la alma, los falsos traidores,
Levavanla al fuego, a los malos suores.

198   Ellos que la levaban, non de buena manera,
Violo Sanctiago cuyo romeo era,
Yssiolis a grand priessa luego a la carrera,
Paro se lis delante enna az delantera.

109   "Dessad —disso— maliellos, la preda que levades
Non vos iaz tan en salvo como vos lo cuidades,
Tenedla a derecho, fuerza no li fagades,
Creo que non podredes, maguer que lo querades.'

200   Recudióli un diablo, paróseli refacio:
"Iago, ¿quieres te fer de todos nos escarnio?

---

195 b   *ren,* 'nada'.
196 d   *achacados,* 'acusados'.
199 a   *preda,* 'presa'.
200 a   *refacio,* 'rehacio, obstinado'.— **b** *Iago,* 'Santiago'; como eran diablos los que le hablaban, no le querían anteponerle el título de "Sant".

¿A la razon derecha quieres venir contrario?
Traes mala cubierta so el escapulario.

201   Guirald fezo nemiga, matósse con su mano,
Deve seer iudgado por de Iudas ermano,
Es por todas las guisas nuestro parroquiano,
Non quieras contra nos, Iago, ser villano."

202   Dissoli Sanctiago: "Don traidor palavrero,
Non vos puet vuestra parla valer un mal dinero:
Trayendo la mi voz como falsso vozero,
Diste conseio malo, matest al mi romero.

203   Si tu no le dissiesses que Santiago eras,
Tu no li demostrasses sennal de mis veneras,
Non dannarie su cuerpo con sus mismes tiseras,
Nin iazdrie como iaze fuera por las carreras.

204   Prisi muy grand superbia de la vuestra partida,
Tengo que la mi forma es de vos escarnida,
Mataste mi romeo con mentira sabida,
Demas veo agora la alma mal traida.

205   Seedme a iudicio de la Virgo Maria:
Io a ella me clamo en esta pleitesia,
Otra guisa de vos io non me quitaria,
Ca veo que traedes muj grand alevosia."

206   Propusieron sus vozes ante la Gloriosa,
Fo bien de cada parte afincada la cosa,

Entendió las razones la Reina preciosa,
Terminó la varaia de manera sabrosa.

207   El enganno que priso pro li devie tener,
Elli a Santiago cuido obedecer,
Ca tenie que por esso podrie salvo seer;
Mas el engannador lo devie padeçer.

208   Disso: "Io esto mando e dólo por sentencia;
La alma sobre quien avedes la entencia,
Que torne en el cuerpo, faga su penitencia
Desend qual mereciere, avrá tal audiencia."

209   Valió esta sentencia, fué de Dios otorgada,
Fué la alma mesquina en el cuerpo tornada,
Que pesó al diablo, a toda su mesnada,
A tornar fo la alma a la vieia posada.

210   Levantose el cuerpo que iazie trastornado,
Alimpiava su cara Guirald el degollado,
Estido un ratiello como qui descordado,
Como omne que duerme e despierta irado.

211   La plaga que oviera de la degolladura,
Abés parecie della la sobresanadura:

_____

206 c   *varaia*, 'contienda, disputa': "E por esto dice que
quando uno non quiere dos non vanajan." *Flores de Filosofía*,
Biblióf. Esp., XVII, 40.
   208 b   *entencia*, 'disputa, contienda'.
   210 d   *irado*, 'airado, enojado'.
   211 a   *plaga*, 'llaga'.— b *abés*, 'apenas'.— *sobresanadura*, 'ci-
catriz': "catemos si tiene una sennal en la tiesta de un golpe

Perdió él la dolor, e toda la cochura:
Todos dizien: "Est omne fue de buena ventura."

212   Era de lo al todo sano e meiorado,
Fuera de un filiello que tenie travesado;
Mas lo de la natura quanto que fo cortado,
Non li creció un punto, fincó en su estado.

213   De todo era sano, todo bien encorado,
Pora verter su agua fincóli el forado,
Requirió su repuesto lo que traie trossado,
Pensó de ir su via alegre e pagado.

214   Rendió gracias a Dios e a Sancta Maria,
E al santo apostolo do va la romeria:
Cueitóse de andar, trobó la compannia:
Avien esti miraclo por solaz cada dia.

215   Sonó por Compostela esta grand maravilla,
Vinienlo a veer todos los de la villa:
Dicien: "Esta tal cosa deviemos escrivilla,

---

que le dieron en una batalla... Entonce lo cataron de más cerca
e vieronle la sobresanadura de la llaga." *Caballero Plácidas,
Biblióf. Esp.*, XVII, 144.— c *cochura*, 'escozor, calentura'.
    213 a *encorado*, 'cicatrizado, cubierto de cuero o piel'.—
b *forado*, 'agujero'.— c *trossado*, 'guardado': "et por ende los
antiguos... tan grande era el sabor que habien de facer mal a
sus enemigos que llevaban sus viandas troxadas en arguenas o
en talegas cuando iban en cabalgadas." *Partida* II, tít. XXII,
ley I. Compárese "troxel": "involucrum, es cosa ascondida o
que tiene dentro lo enbulto: llamase en vulgar troxel o fardel."
ALONSO DE PALENCIA, *Vocabulario*, fol. 222.

Los que son por venir plazralis de oilla."

216 Quando fo en su tierra, la carrera complida,
E udieron la cosa que avie contecida,
Tenie grandes clamores, era la gent movida
Por veer esti Lázaro dado de muert a vida.

217 Metió en su facienda esti romeo mientes,
Como lo quitó Dios de maleitos dientes,
Desemparó el mundo amigos e parientes,
Metióse en Grunniego, vistió pannos punientes.

218 Don Ugo ome bueno de Grunniego abbat,
Varon religioso de muj grand santidat,
Contava est miraclo que cuntió en verdat,
Methiólo en escripto, fizo grand onestat.

219 Guirad finó en orden, vida buena faciendo,
En dichos e en fechos al Criador sirviendo,
En bien perseverando, del mal se repindiendo,
El enemigo malo non se fo dél ridiendo.

---

215 d *plazralis*, 'les complacerá'.
217 b *maleitos*, 'malditos'.— d *puniente*, 'de penitente'.

IX. EL CLÉRIGO IGNORANTE

220   Era un simple clerigo pobre de clerecia,
Dicie cutiano missa de la Sancta Maria,
Non sabia decir otra, diciela cada dia,
Más la sabia por uso que por sabiduria.

221   Fo est missacantano al bispo acusado
Que era idiota, mal clerigo provado:
"Salve Sancta Parens" solo tenie usado,
Non sabie otra missa el torpe embargado.

222   Fo durament movido el obispo a sanna,
Dicie: "Nunqua de preste ci atal hazanna—
Disso— diçit al fijo de la mala putanna
Que venga ante mi, no lo pare por manna."

223   Vino ante el obispo el preste peccador,
Avie con el grand miedo perdida la color,

---

220 b   *cutiano*, 'cotidianamente'.
221 a   *missacantano*, 'clérigo ordenado'.— *Salve Sancta Parens* son las palabras con que empieza la misa de la Virgen.
222 c   *putanna*, 'puta'.

Non podie de verguenza catar contral sennor,
Nunqua fo el mesquino en tan mala sudor.

224   Dissoli el obispo: "Preste, dime la verdat,
Si es tal como dizen la tu neciedat."
Dissoli el buen omne: "Sennor, por caridat,
Si dissiese que non, dizria falsedat."

225   Dissoli el obispo: "Quando non as ciencia,
De cantar otra misa, nin as sen, nin potencia,
Viedote que non cantes, metote en sentencia:
Vivi como merezes por otra agudencia."

226   Fo el preste su via triste e dessarrado,
Avie muj grand verguenza, el danno muj granado,
Tornó en la Gloriosa ploroso e quesado,
Que li diesse conseio, ca era aterrado.

227   La Madre preciosa que nunqua fallecio
A qui de corazon a piedes li cadio,
El ruego del su clerigo luego gelo udio:
No lo metio por plazo, luego li acorrió.

228   La Virgo Gloriosa, madre sin dicion,
Apareciól al obispo luego en vision:

---

225 b *sen*, 'sentido'.— c *viedote*, 'te prohibo'.— d *agudencia*,
'agudeza, medio'.
226 a *desarrado*, 'desamparado'; véase 95 *a*.— c *quesado*,
'aquejado, afligido'.
228 a *dicion;* véase 181 *b*.

Dixoli fuertes dichos, un brabiello sermon,
Descubrióli en ello todo su corazon.

229   Dixoli brabamientre: "Don obispo lozano,
Contra mi ¿por qué fuste tan fuert e tan villano?
Io nunqua te tollí valia de un grano,
E tu asme tollido a mí un capellano.

230   El que a mí cantava la missa cada dia,
Tu tovist que facia ierro de eresia:
Judguesti lo por bestia e por cosa radia,
Tollisteli la orden de la capellania.

231   Si tu no li mandares decir la missa mia
Como solie decirla, grand querella avria:
E tu serás finado hasta el trenteno dia:
¡Desend verás que vale la sanna de Maria!"

232   Fo con estas menazas el bispo espantado,
Mandó enviar luego por el preste vedado:
Rogól quel perdonasse lo que avie errado,
Ca fo él en su pleito durament engannado.

233   Mandólo que cantasse como solie cantar,
Fuesse de la Gloriosa siervo del su altar,
Si algo li menguasse en vestir o en calzar,
El gelo mandarie del suyo mismo dar.

---

230 a *radía*, 'errada, perdida': "el fallador de la cosa per-
dida o radía, aprecie la cosa con su dueño." *Fuero de Soria*,
pág. 43.

234   Tornó el omne bono en su capellania,
        Sirvió a la Gloriosa Madre Sancta Maria,
        Finó en su oficio de fin qual io queria,
        Fue la alma a la gloria, a la dulz cofradria.

235   Non podriemos nos tanto escribir nin rezar,
        Aun porque podiessemos muchos annos durar,
        Que los diezmos miraclos podiessemos contar,
        Los que por la Gloriosa denna Dios demostrar.

---

235 c *diezmos,* 'décima parte de los'.— **d** *denna,* 'se digna';
véase **75 c.**

X. Los dos hermanos

236   Enna villa de Roma, essa noble cibdat,
      Maestra e sennora de toda cristiandat,
      Avie i dos ermanos de grant auctoridat,
      El uno era clerigo, el otro podestat.

237   Piedrol dizien al clerigo, avie nomne atal,
      Varon sabio e noble, del Papa cardenal;
      Entre las otras mannas avie una sin sal,
      Avie grand avaricia, un peccado mortal.

238   Estevan avie nomne el secundo ermano,
      Entre los senadores non avie más lozano,

---

236 d *podestat.* La *Partida* II, tít. I, ley XIII, dice que: "potestades llaman en Italia a los que escogen por regidores de las villas et de los grandes castiellos". En España, según MENÉNDEZ PIDAL, *Poema del Mío Cid,* ed. *La Lectura,* pág. 253, y *Cantar,* págs. 799 a 803: "son los ricos omnes investidos con un alto cargo, inferior al de los condes, que consistía en el gobierno o tenencia de una fortaleza, ciudad o territorio".

237 a *Piedrol dizien,* 'Pedro le llamaban'.

Era muy poderoso enel pueblo romano,
Avie en prendo prendis bien usada la mano.

239 Era muj cobdicioso, querie mucho prender,
Falssava los iudizios por gana de aver,
Tollielis a los omnes lo que lis podie toller,
Más preciava dineros que iusticia tener.

240 Con sus iudicios falsos de los sus paladares
A Sant Laurent el martir tollióli tres casares:
Perdió Sancta Agnes por el bonos logares,
Un huerto que valie de sueldos muchos pares.

241 Murió el cardenal don Peidro el onrrado,
Fo alos purgatorios do merecie seer levado,
Ante de poccos dias fo Estevan finado,
Atendie tal iudizio qual lo avie dado.

242 Violo San Laurencio, católo feamiente,
Primiól en el brazo tres vezes duramientre,
Quessósse don Estevan bien entro en el bientre,
Nol primiren tenazas de fierro tan fuertmientre.

243 Violo Sancta Agnes a qui tollió el huerto,
Tornóli las espaldas, catól con rostro tuerto,

---

238 d *en;* el ms. Ibarreta, "un".—*prendo, prendis* o "pre-
hendo, prehendis", broma de Berceo para indicar que era ladrón.
239 b *aver,* 'riqueza, haber'.
240 a *paladares,* 'boca, labios': "los sacerdotes nuestros,
siervos de los altares, quando rezan el canon entre los palada-
res." *Sacrificio,* 236 b.— b *casares,* 'casas'.
242 b *primiol,* 'le oprimió'.— c *entro,* 'dentro'.

Estonz dijo Estevan: "Esto es mal confuerto:
Toda nuestra ganancia ixionos a mal puerto."

244   Dios el nuestro sennor, alcalde derechero,
Al que non se encubre bodega nin cellero,
Dijo que esti omne fuera mal ballestero:
Cegó a muchos omnes, non a uno sennero.

245   Deseredó a muchos por mala vozeria,
Siempre por sus peccados asmó alevosia,
Non mereze entrar en nuestra compannia,
Vaia yacer con Iudas en essa fermeria.

246   Prisieronlo por tienllas los guerreros antigos,
Los que sienpre nos fueron mortales enemigos,
Davanli por pitanza non mazanas nin figos,
Mas fumo e vinagre, feridas e pelcigos.

247   Vio a su hermano con otros peccadores
Do sedie el mesquino en muy malos sudores:
Methie vozes e gritos, lagrimas e plangores,
Avie grand abundancia de malos servidores.

248   Dixol: "Decit, hermano, preguntarvoslo quiero,

---

243 c *confuerto,* 'consuelo, apoyo'.
244 b *cellero,* 'cillero, despensa'; véase 333 c, 668 d, etc.—
d *sennero,* 'solo'.
246 a *tienllas,* 'cuerda, lazo', ap. MENÉNDEZ PIDAL, *Roma-
nia,* XXIX, 372, y BAIST, *Kritischer Jahresb. d. Rom. Phil.,* VI,
1, 396. Otro ejemplo, en 273 c.— d *pelcigos,* 'pellizcos'.
247 c *plangores,* 'llantos'.

¿Por qual culpa iaçedes en lazerio tan fiero?
Ca si Dios lo quisiere, e yo ferlo podiero,
Buscarvos e acorro en quanto que sopiero.

249   Avienla ya levada cerca de la posada,
Do nunqua verie cosa de que fuesse pagada:
Nin verie sol ni luna, nin buena ruciada,
E serie en tiniebra como emparedada.

250   Dixo Peidro: "En vida trasqui grand avaricia,
Ovila por amiga a bueltas con cobdicia,
Por esso so agora puesto en tan mala tristicia;
Qui tal faze tal prenda, fuero es e iusticia.

251   Mas si el Apostoligo con la su clerecia
Cantasse por mi missa solamientre una dia,
Fio en la Gloriosa Madre Sancta Maria,
Que me daria Dios luego alguna meioria.

252   Dest varon don Estevan de qui fablamos tanto,
Porque muchas maldades traie so el manto,
Avie una bondat, amava a un sancto

---

248 b *en;* el ms. lbarreta: "el".— c *ca;* el ms. lbarreta:
"qa".— *podiero,* 'pudiera'.— d *acorro,* 'socorro'; *sopiero,* 'su-
piera'.

249 c *ruciada,* 'rociada': "aspergere es esparcir o ruciar:
dende viene aspergo, asperginis, que es la ruciada." ALONSO DE
PALENCIA, *Vocab.,* fol. 35.

250 a *trásqui,* 'traje', pretérito de "traer".— d *qui tal faze
tal prenda,* 'quien tal cosa hace tal pague'.

251 a *Apostóligo,* 'Papa'; traduce el "apostolicus" del ma-
nuscrito Conpenhague.

Tanto que non podriemos demostravos nos quanto.

253 Amaba a Proiecto, martir de grand valor,
Guardaval bien la festa como al buen sennor,
Faciel rico officio e muj grand onor,
De pobres e de clerigos quanto podie meior.

254 Laurencio e Agnes, maguer que despechados
Porque los ovo elli ante deseredados,
Moviólos piadad e fueron amanssados,
Cataron más a Dios que a los sos peccados.

255 Fueron pora Proiecto fuera cuyo rendido,
Dissieronli: "Proiecto, non seas adormido,
Piensa del tu Estevan que anda escarnido,
Rendjli gualardon, ca ovote servido."

256 Fue pora la Gloriosa que luz más que estrella,
Movióla con grand ruego, fue ante Dios con ella,
Rogó por esta alma que traien a pella,
Que non fuesse iudgada secundo la querella.

257 Disso a esti ruego Dios nuestro sennor:
"Faré tanta de gracia por el vuestro amor:
Torne aun al cuerpo la alma peccador,
Desend, qual mereciere, recibrá tal onor.

---

255 a *fuera cuyo rendido*, 'del que Esteban era devoto'.
256 c *que traien a pella*, 'que llevaban y traían como a una pelota'.
257 c *pecador*, 'pecadora'; véase nota a 44 *a*.

258   Aya tanto de plazo hasta los xxx dias
       Que pueda meiorar todas sus malfetrias;
       Mas bien gelo afirmo par las palabras mias,
       Y serán rematadas todas sus maestrias."

259   Rendieron gracias multas a Dios los rogadores,
       Porque enpiadava a los sos peccadores,
       Que libró esta alma de mano de traidores,
       Que son de los fideles siempre engannadores.

260   Quando lo entendió la gent adiablada,
       Quitósse de la alma que tenie legada;
       Prísola Sant Proiecto que la avie ganada,
       Guióla poral cuerpo a essa su posada.

261   Dissoli la Gloriosa Madre del Criador:
       "Estevan, rendi gracias a Dios el buen Sennor:
       Gran gracia te a fecha, que non podrie maior:
       Del mal si non te guardas, caerás en peor.

262   Estevan, un conseio te quiero aun dar,
       Estevan, es conseio que deves tu tomar:
       Mandote cada dia un salmo recitar:
       "Beati inmaculati", bien bueno de rezar.

263   Si tu cada mannana esti salmo rezares,
       E tu alas eglesias los tuertos enmendares,

---

258 b *malfetrias,* 'fechorías'.
262 d *Beati immaculati,* así empieza el salmo CXVIII.

Ganará la tu alma gloria quando finares,
264 Escusarás las penas e los graves logares."

Resuscitó Estevan, ¡grado a Jesu Cristo!
Regunzóli al Papa quanto que avie visto:
Lo que li disso Peidro, su ermano bien quisto,
265 Que iazie en grand pena lazrado e mui tristo.

Demostrava el brazo que tení livorado,
El que en Sant Laurent lo ovo apretado,
Pidie mercet al Papa con el cuerpo postrado,
266 Que cantasse la missa por Peidro el lazrado.

Por ferlis bien creencia, por seer bien creido,
Disso que a los xxx dias serie transido:
Dissieron todos: "Este signo es connocido:
267 Si diz verdat o non, será bien entendido."

Entregó ricamientre a los deseredados:
A los que tuerto tovo fizolos bien pagados,
Confessósse al preste de todos sos peccados,
268 De quantos avie fechos, e dichos e asmados.

Ya andaba en cabo de las quatro semanas,
Hasta los xxx dias avie poccas mannanas:

---

264 d *regunzóli,* 'le contó'.— c *quisto,* 'querido', participio
irregular de "querer"; hoy son corrientes los compuestos "bien-
quisto" y "malquisto".
265 a *livorado,* 'acardenalado': "propiamente livor es el
color que queda de los açotes." ALONSO DE PALENCIA, *Vocab.,*
fol. 250.
267 a *entregó,* 'reintegró'.

Despidiósse Estevan de las ientes romanas,
Sabie que las palabras de Dios non serien vanas.
269   En el dia trenteno fizo su confession,
Decibió Corpus Dominj con grand devocion,
Echóse en su lecho, fizo su oracion,
Rendió a Dios la alma, finó con bendicion.

XI. EL LABRADOR AVARO

270   Era en una tierra un omne labrador,
      Que usava la reia más que otra lavor:
      Mas amava la tierra que non al Criador,
      Era de muchas guisas ome revolvedor.

271   Fazie una nemiga, faziela por verdat,
      Cambiava los mojones por ganar eredat:
      Façie a todas guisas tuerto e falsedat,
      Avie mal testimonio entre su vecindat.

272   Querie, pero que malo, bien a Sancta Maria,
      Udie sus miraculos, davalis acogia;
      Saludavala siempre, diciela cada dia:
      "Ave gracia plena que parist a Messia."

273   Finó el rastrapaia de tierra bien cargado,
      En soga de diablos fue luego cativado,

---

272 b *acogía*, 'acogida'.
273 a *rastrapaia*, 'arrastra paja'; término despectivo **para**

Rastravanlo por tienllas, de cozes bien sovado,
Pechavanli a duplo el pan que dió mudado.

274   Dolieronse los angeles desta alma mesquina,
Por quanto la levavan diablos en rapina:
Quisieron acorrelli, ganarla por vecina,
Mas pora fer tal pasta menguabalis farina.

275   Si lis dizien los angeles de bien una razon,
Ciento dicien los otros, malas que buenas non:
Los malos a los bonos tenienlos en rencon,
La alma por peccados non issie de preson.

276   Levantosse un angel, disso: "Io so testigo,
Verdat es, non mentira, esto que io vos digo:
El cuerpo, el que trasco esta alma consigo,
Fue de Sancta Maria vassallo e amigo.

277   Siempre la ementava a iantar e a cena:
Dizieli tres palabras: "Ave gracia plena"
La boca por qui essie tan sancta cantilena,
Non merecie iazer en tal mal cadena."

278   Luego que esti nomne de la Sancta Reina
Udieron los diablos, cojieronse ad ahina,

---

designar a un labrador.— c *tienllas*, véase, 246 *a*.— d *pecha-vanli*, 'le pagaban la deuda'.— *mudado*, 'cambiado con intención'.
    276 c   *trasco*, 'trajo'.
    278 b   *cojieronse ad ahina;* el ms. Ibarreta: "cojieron ssada hina", y así leyeron Sánchez y Janer; la "h" está puesta sobre una "g" borrada. *ad* por 'a' es corriente en la Edad Media. *ahina*, 'aína, pronto', es forma que se encuentra en textos me-

Derramaronse todos como una neblina,
Desampararon todos a la alma mesquina.

279   Vidieronla los angeles seer desenparada,
De piedes e de manos con sogas bien atada,
Sedie como oveia que iaze ensarzada,
Fueron e aďussieronla pora la su maiada.

280   Nomne tan adonado e de vertut atanta
Que a los enemigos seguda e espanta,
Non nos deve doler nin lengua nin garganta,
Que non digamos todos: "Salve Regina sancta."

---

dievales (*Conquista de Ultramar*, págs. 6, 15, 20, etc.) ; *agina* es la forma etimológica.

280 a *adonado*, 'colmado de dones, perfecto': "e yo escudriñando e inquiriendo, quise componer aquesta obra digna, trayente, so forma breve, libro muy adonado". *Lapidario*, edición Vollmö:er, pág. 1.—**b** *seguda*, 'persigue'.

XII. El Prior y el Sacristán

281   En una villa bona que la claman Pavia,
Cibdat de grand facienda, iaze en Lombardia,
Avie dentro en ella una rica mongia
De mui bonos omnes, mui sancta compannia.

282   Era el monesterio alzado en honor
Del que salvó el mundo sennor Sant Salvador:
Avie por aventura en elli un prior
Que non querie vevir sinon a su sabor.

283   Avie el bon omne una lengua errada:
Dizie mucha orrura de la regla vedada,
Fazia una tal vida non mucho ordenada;
Pero dicie sus oras en manera temprada.

---

283 b *orrura*, 'horrores', es lo malo, lo que se desperdicia, lo que hace daño: "con otras melezinas quel sopo y mesclar, engargantol el olio, hizo gelo pasar; ovo de la horrura la duenya a porgar." *Apolonio*, 312; "es lo que sale taladrando madera o el fierro, de que raen orruras, o son las mesmas raeduras." Alonso de Palencia, *Vocab.*, fol. 439. En el sentido figurado en que la emplea Berceo está en el *Cancionero de Baena*, 176: "será desatada la cisma e orrura porque era el mundo dañado e perdido".

284   Avie una costumne que li obo provecho:
Dizie todas sus oras como monge derecho,
A las de la Gloriosa siempre sedie erecho,
Aviel el diablo por ello grand despecho.

285   Peroque semeiava en unas cosas boto,
E como vos dissiemos que era boca roto;
En amar la Gloriosa era mui devoto,
Dizie el su oficio de suo corde toto.

286   Ovo quando Dios quiso est prior a finar,
Cadió en un exilio, en un aspero logar,
Non vos podrie nul omne el lazerio contar
Que el prior levava, nil podrie asmar.

287   Avia un sacristano en essa abadia
Que guardava las cosas de la sacristania:
Uberto avie nomne, cuerdo e sin follia:
Valie más ca non menos por elli la mongia.

288   Ante de los matines una grand madrugada

---

284 c *ecrecho*, 'derecho, pronto, dispuesto'. Compárese "erecha": "Erecha llaman en España a las enmiendas que los homes han de rescebir por los daños que resciben en las guerras; et tomó este nombre de una palabra a que dicen e r i g e r e, que quiere tanto decir como levantar la cosa que cayó." *Partida* II, tít. XXV, ley I.

285 b *boca-roto*, 'boquirroto, mal hablado, murmurador'; "e como vos dissiemos" se refiere a 283 *a:* "una lengua errada".— **d** *suo corde toto*, responde a la frase "ex toto corde".

286 a *quando;* el ms. Ibarreta, "quanto".— **b** *exilio*, 'destierro'.

287 d *elli*, 'él'.

Levantósse est monge rezar la matinada,
Tannner a los matines, despertar la mesnada,
Endrezar las lámpadas, allumnar la posada.

289 El prior de la casa, de suso ementado,
Anno avie complido de que fuera finado;
Pero fue el su pleito en cabo rezentado
Tan bien como al dia quando fo soterrado.

290 El monge de la casa que sacristano era,
Ante que empezasse tanner la monedera,
Alimpiava las lámpadas por fer meior lumnera;
Priso un grand espanto de estranna manera.

291 Udió una voz domne, flaquiella e cansada,
Disso: "Fraire Ubert", non sola una vegada;
Connocióla Ubert e non dubdó en nada,
Que la del prior era; priso grand espantada.

292 Salió de la eglesia, fo a la fermeria,
Non levava de miedo la voluntat vazia,
Non irie tan apriesa iendo en romeria:

---

288 c *tanner*, 'tocar'.— *mesnada;* véase 154 *a.*— d *allumnar*, 'alumbrar'.
289 c *rezentado*, 'recentado, renovado'.
290 b *monedera*, 'campana (?)'; Sánchez y Lanchetas deducen de este pasaje que se trataba de una "matraca, instrumento que servía para despertar y avisar a maitines". No conozco otro ejemplo en textos medievales. Ya se sabe que Berceo inventaba palabras, obligado por la rima.— c *fer;* el ms. Ibarreta, "fe".— *lumnera*, 'lumbrera, luz'.
291 a *domne*, "de omne", 'de hombre'.

Don Bildur lo levava, par la cabeza mia.

293   Estando de tal guisa fuera de las vertudes,
Udió: "Ubert, Ubert, ¿por qué me non recudes?
Cata non aias miedo, por ren non te demudes,
Piensa como me fables e como me pescudes."

294   Estonz dixo Ubert: "Prior, fe que devedes:
De vos como estades vos me lo regunzedes,
Que sepa el cabildo de vos como seedes,
En qual estado sodes, o qual lo atendedes."

295   Dissoli el prior: "Ubert, el mio criado,
Sepas hasta aqui mal a de mi estado:
Cadí en un exilio crudo e destenprado:
El princep de la tierra, Smerna era clamado.

296   Sufrí mucho lazerio, passé mucho mal dia,
El mal que e passado contar no lo podria,
Mas ovo a passar por hi Sancta Maria,
Ovo pesar e duelo del mal que yo sufria.

297   Prísome por la mano e levóme consigo,

---

292 d *don Bildur,* 'don Miedo'; "bildur" es palabra vas-
ca; véase AZKUE, *Dic. vasco.—* par, úsase esta preposición en
los juramentos; véase HANSSEN, *Gram.,* § 709.

293 b *recudes,* 'respondes'.— **c** *ren,* 'nada'.— **d** *pescudes,*
'preguntas'.

294 a *fe que devedes,* 'a fe que debéis': "mas de mi amor
pensat, fe que devedes." *Razón de Amor,* 139. El ms. Ibarreta,
"se", y así leyeron Sánchez y Janer.— **b** *regunzedes,* 'contáis'.

295 d *Smerna;* el ms. de Copenhague dice: "cuius princeps
vocabatur Smirna".

Levóme al logar temprado e abrigo,
Tollióme de la premia del mortal enemigo,
Pusome en logar do vivré sin peligro.

298 Grado a la Gloriosa que es de gracia plena,
Fuera so del lazerio, essido so de pena,
Caí en dulz vergel, cerca de dulz colmena,
Do nunqua veré mengua de iantar nin de cena."

299 Calló la voz. Con tanto despertó el conviento,
Fueron a la eglesia todos de buen taliento,
Dissieron los matines, ficieron conplimiento,
De guisa que podrie Dios aver pagamiento.

300 Los matines cantados esclareció el dia,
Dissieron luego prima, desend la ledania,
Fueron a su capitulo la sancta conpannia,
Ca esto es derecho, costumne de mongia.

301 Estando en capitulo, leida la lection,
Fizo el sacristano su genuflexion:
Contólis al conviento toda la vision,
Plorando de los oios a mui grand mission.

302 Rendieron todos gracias a la Madre gloriosa

---

297 c *premio*, 'apremio'.
300 b *prima*, hora canónica: "matines e prima dixieron faza
los albores." *Cid*, 3060.
301 d *plorando de los oios*, 'llorando'; es expresión muy
corriente en Berceo; véase 389 *b*, 398 *d*, 765 *b*, 770 *d*.— *mis-
sion*, 'fin, causa'; "non pudo echar lagrima por nenguna mi-
sion." *Apolonio*, 448 *d*.

Que sobre sos vassallos es siempre piadosa:
Fueron a la eglesia cantando rica prosa,
Fizieron en escripto meter toda la cosa.

303   End a poco de tiempo murió el sacristano,
Murió de fin qual dé Dios a tot cristiano,
Issió de mal ivierno, entró en buen verano,
Fo pora paraiso do será siempre sano.

304   Esto es sumum bonum, servir a tal Sennora,
Que save a sus siervos acorrer en tal hora:
Esta es buena tienda, esta buena pastora,
Que bale a tot omne que de buen cor la ora.

305   Quantos que la udieron esta tal vision
Cogieron en sus almas maior devoción:
En amar la Gloriosa de maior corazon,
Aclamarse a ella en su tribulacion.

---

302 c *prosa*, 'himno': "e cantan quirios e prosas." *Elena
y María*, 376. Son bien conocidos los otros ejemplos que se en-
cuentran en Berceo, en *Fernán González*, 1 *d*, etc.; véase 697 *c*.
304 d *cor*, 'corazón'.

XIII. El nuevo obispo

306 En essa misme cibdat avie un buen cristiano
Avie nomne Ieronimo, era missacantano,
Fazie a la Gloriosa servicio muy cutiano,
Los dias e las noches, ivierno e verano.

307 Finó por aventura el bispo del logar,
Non se podien por nada en otro acordar,
Tovieron triduano, querien a Dios rogar,
Que elli lis mostrase qual deviessen alzar.

308 A un omne catolico bien de religion
Fabloli la Gloriosa, dissol en vission:
"Varon, ¿porque estades en tal dissenssion?
Dad al mi creendero esta election."

309 Dissol el omne bono por seer bien certero:
"¿Qui eres tu qui fablas, o qui el creendero?"
"Io so —li disso ella— la Madre de Dios vero,
Jeronimo li dizen a essi mi clavero."

---

307 c   *triduano*, 'triduo'.
308 d   *creendero*, 'devoto, fiel'.

310   Sei mi mensaiero, lieba esti mandado:
Io te mando que sea aina recabdado,
Si al faz el cabillo, será mal engannado,
Non será el mi fijo del su fecho pagado."

311   Dissolo e credieronlo esto los electores;
Mas qui era Ieronimo non eran sabidores.
Methieron por la villa omnes barruntadores,
Darian buena alvrizia a los demostradores.

312   Trobaron a Ieronimo, preste parroquial,
Omne sin grandes nuevas, sabie pocco de mal,
Levaronlo por mano a la siet catedral,
Dieronli por pitanza la siella obispal.

313   Siguiendo el messaie el de Sancta Maria
Ficieronlo obispo e sennor de Pavia,
Ovieron ende todos savor e alegria,
Qua vidien que la cosa vinie por buena via.

314   Fue muj buen obispo e pastor derechero,
Leon pora los bravos, a los mansos cordero,
Guiava bien su grei, non como soldadero,
Mas como pastor firme que está bien façero.

_____

311 c *barruntadores*, 'indagadores'; significaba 'espía': "ba-
rruntes son llamados aquelios homes que envian para andar
con los enemigos et saber su fecho dellos." *Partida* II, tít. XXVI,
ley XI.—d *alvrizia*, 'recompensa'.
    314 d *façero*, 'que va al frente': "Dimus venie de cuesta
e Disanes façero." *Alexandre*, M., 978 c.

315   Guioli su fazienda Dios nuestro sennor,
       Fizo buena la vida, la fin mucho meior,
       Quando issió dest sieglo fue al otro maior,
       Guiolo la Gloriosa Madre del Criador.

316   Madre tan piadosa siempre sea laudada,
       Siempre sea bendicha e siempre adorada,
       Que pone sus amigos en onrra tan granada:
       La su misericordia nunqua serie asmada.

XIV. LA IMAGEN RESPETADA

317   Sant Migael de la Tunba es un grand monesterio,
El mar lo cerca todo, elli iaze en medio:
El logar perigloso, do suffren grand lazerio
Los monges que hi viven en essi cimiterio.

318   En esti monesterio que avemos nomnado,
Avie de buenos monges buen convento provado,
Altar de la Gloriosa rico e mui onrrado,
En él rica imagen de precio mui granado.

319   Estava la imagen en su trono posada,
So fijo en sus brazos, cosa es costumnada,
Los reis redor ella, sedie bien compannada,
Como rica reina de Dios santificada.

320   Tenie rica corona como rica reina,
De suso rica impla en logar de cortina,
Era bien entallada de lavor mui fina,
Valie más essi pueblo que la avie vezina.

---

317 c *el;* quizá deba leerse *es.*
320 b *impla,* 'velo'.

321 Colgava delant ella un buen aventadero,
En el seglar lenguage dizenli moscadero:
De alas de pavones lo fizo el obrero,
Luzie como estrellas semeiant de luzero.

322 Cadió rayo del cielo por los graves peccados,
Encendió la eglesia de todos quatro cabos,
Quemó todos los libros e los pannos sagrados,
Por pocco que los monges que non foron quemados.

323 Ardieron los armarios e todos los frontales,
Las vigas, las gateras, los cabrios, los cumbrales,
Ardieron las ampollas, calizes e ciriales,
Sufrió Dios essa cosa como faz otras tales.

324 Maguer que fué el fuego tan fuert e tan quemant,
Nin plegó a la duenna, nin plegó al ifant,
Nin plegó al flabello que colgava delant,
Ni li fizo de danno un dinero pesant.

325 Ni ardió la imagen, nin ardió el flablello,
Nin prisieron de danno quanto val un cabello,

---

321 a *aventadero*, 'abanico'.— b *seglar lenguaje*, 'vulgar, castellano'. Contrapuesto al latín o lenguaje de la clerecía.— c *pavones*, 'pavos reales'.

323 b *cumbrales*, 'maderos del techo': "Otrossi non aya montadgo por coger mayellas, nin por tendal, nin por cumbral, nin por forquiella." *Fuero de Soria*, 11.

324 b *plegó*, 'llegó'.— c *flabello*, otro nombre dado al abanico, o aventadero o moscadero, que es como lo designa en 321.

Solamiente el fumo non se llegó a ello,
Nin nuçió más que nuzo io al obispo don Tello.

326   Continens e contentum, fue todo astragado,
Tornó todo carbones, fo todo asolado:
Mas redor de la imagen quanto es un estado,
Non fizo mal el fuego, ca non era osado.

327   Esto tovieron todos por fiera maravella,
Que nin fumo nin fuego non se llegó a ella,
Que sedie el flabello más claro que estrella,
El ninno mui fermoso, fermosa la ponzella.

328   El precioso miraclo non cadió en oblido,
Fué luego bien dictado, en escripto metido,
Mientre el mundo sea, será él retraido,
Algun malo por ello fo a bien conbertido.

329   La Virgo benedicta reina general,
Como libró su toca de esti fuego tal,
Asin libra sus siervos del fuego perennal,
Lievalos a la gloria do nunqua vean mal.

---

325 d *nuçió... nuzo,* formas del verbo "nocir", 'dañó...
daño'.
326 a *contentum;* el ms. Ibarreta, "contentu".
327 d *ponzella,* 'doncella, virgen'; véase 117 c.

XV. La boda y la Virgen

330 Enna villa de Pisa, cibdat bien cabdalera,
En puerto de mar iaze rica de grand manera,
Avie hi un calonge de buena alcavera,
Dizien Sant Cassian ond el canonge era.

331 Como fizieron otros que de suso contamos,
Que de Sancta Maria fueron sos capellanos,
Esti amóla mucho más que muchos cristianos,
E fazieli servicio de piedes e de manos.

332 Non avie essi tiempo uso la clerecia
Dezir ningunas oras a ti, Virgo Maria,
Pero elli dizielas siempre a cada dia,
Avie en la Gloriosa sabor e alegria.

333 Avien los sos parientos esti fijo sennero,
Quando ellos finassen era buen eredero,
Dessavanli de mueble assaz rico cellero,

---

330 a *cabdalera*, 'principal': "criavan muchas bestias de di-
versas maneras, con que ovioron muchas faziendas cabdaleras."
Alexandre, M., 2002.— c *alcavera*, 'casta, familia'.
333 c *cellero*, 'despensa, haber'.

Tenie buen **casamiento** assaz cobdiziadero.

334   El padre e la madre quando fueron finados,
Vinieron los parientes tristes e desarrados:
Dizienli que fiziese algunos engendrados,
Que non fincassen yermos logares tan preciados.

335   Cambióse del proposito del que ante tenie,
Movióla la ley del sieglo, dixo que lo farie,
Buscaronli esposa qual a él convenie,
Destaiaron el dia que las bodas farie.

336   Quando vino el dia de las bodas correr,
Iva con sos parientes la esposa prender:
Tanbien enna Gloriosa non podie entender
Como lo solie ante otro tiempo fazer.

337   Yendo por la carrera a complir el so depuerto,
Menbrol de la Gloriosa que li iazie en tuerto,
Tóvose por errado, e tóvose por muerto:
Asmó bien esta cosa quel istrie a mal puerto.

238   Asmando esta cosa de corazon cambiado,
Halló una eglesia lugar a Dios sagrado:

---

    334 c *engendrados*, 'hijos'.
    335 d *destaiaron*, 'determinaron'.
    337 a *depuerto*, 'solaz'; compárese "deportar", 128 *b*, 345 *c*,
etcétera: "Fazia la [pelota] ir derecha quando la dava del
palo... era en el depuerto sabidor e liviano." *Apolonio*, 147;
"cató ayuso a los puertos on solia fer sus depuertos." *Vida de
Santa María Egipciaca*, ed. Foulché-Delbosc, 266.— **d** *istrie*,
'saldría'.

LA BODA Y LA VIRGEN

85

Dessó las otras yentes fuera del portegado,
Entró fer oracion el novio refrescado.

339 Entró en la eglesia al cabero rencon,
Inclinó los enoios, fazie su oracion,
Vinoli la Gloriosa plena de bendicion,
Como qui sannosamientre dissoli tal razon:

340 "Don fol, malastrugado, torpe e enloquido,
¿En qué roidos andas, en qué eres caido?
Semeias ervolado que as iervas vevido,
O que eres del blago de Sant Martin tannido.

341 Assaz eras varon bien casado comigo:
Io mucho te queria como a buen amigo;
Mas tu andas buscando meior de pan de trigo:
Non valdrás mas por esso quanto vale un figo.

342 Si tu a mi quisieres escuchar e creer,
De la vida primera non te querrás toller:

---

338 c *portegado,* 'pórtico': "ciudadanos e bezinos que estaban juntados e congregados en el portegado de la Eglesia de Senyora Sancta María a son de anyafil." Documento del Archivo Municipal de Teruel, año 1411, c. 11-12, fol. 7. Véase BO-RAO, *Dicc. voces aragonesas,* pág. 290, y BARÁIBAR, *Voc. de Álava,* pág. 209.

330 a *cabero,* 'último, apartado'.— **b** *enoios,* 'hinojos, rodillas'.

340 a *malastrugado,* 'desgraciado'; es más corriente "malastrugo".— **c** *ervolado,* 'hechizado'; compárese: "mugier que fuere erbolera, fechizera, quemarla." *Fuero de Plasencia,* edición Benavides, pág. 42.— **d** *blago,* 'báculo'.

341 d *quanto vale un figo;* véase nota a 9 d.

A mi non dessarás por con otra tener,
Si non, avrás la lenna acuestas a traer."

343   Yssió de la eglesia el novio maestrado,
Todos avien querella que avie tardado,
Fueron cab adelante recabdar su mandado,
Fo todo el negocio aina recabdado.

344   Fizieron ricas bodas, la esposa ganada,
Ca serie lo al fonta si fuesse desdennada,
Era con esti novio la novia bien pagada;
Mas non entendie ella do iazie la celada.

345   Sopo bien encobrirse el de suso varon,
La lengua poridat tovo al corazon,
Ridie e deportava todo bien por razon,
Mas avielo turrado mucho la vision.

346   Ovieron ricas bodas e muj grand alegria,
Nunqua maior siquiere ovieron en un dia;
Mas echó la redmanga por i Sancta Maria,
E fizo en sequero una grand pesqueria.

347   Quando veno la noch la ora que dormiessen,
Fizieron a los novios lecho en que ioguiessen:

___

345 a *de suso*, 'susodicho'.— b *poridat*, 'secreto'.— d *turrado*, literalmente 'tostado'; en sentido figurado, 'atontado, turbado': "todos los doze pares non osavan ningunos dezir sus voluntades porque los avie turrados sobre cosas atales." *Alexandre, P.*, 1249.
346 c *redmanga*, 'red de pescar'; véase Baráibar, *Voc. de Alava*, s. v. "remanga".

Ante que entre sí ningun solaz oviessen,
Los brazos de la novia non tenien qué prisiessen.

348   Yssióseli de manos, fussoli el marido,
Nunqua saber podieron omnes do fo caido,
Sópolo la Gloriosa tener bien escondido,
No lo consintió ella que fuesse corronpido.

349   Dessó mugier fermosa, e mui grand posesion,
Lo que farien bien poccos de los que oi son:
Nunqua lo entendieron do cadió, o do non:
Qui por Dios tanto faze, aya su bendicion.

350   Creemos e asmamos que esti buen varon
Buscó algun lugar de grand religion:
I sóvo escondido faciendo oracion,
Por ond ganó la alma de Dios buen gualardon.

351   Bien devemos creer que la Madre Gloriosa
Porque fizo este omne esta tamanna cosa,
No lo oblidarie, como es piadosa,
Bien alla lo farie posar do ella posa.

___

349 b *oi*, 'hoy'.
350 c *i*, 'allí'; es otra grafía del adverbio "*y*".

XVI. El niño judío

352   Enna villa de Borges, una cibdat estranna,
Cuntió en essi tiempo una buena hazanna:
Sonada es en Francia, si faz en Alemanna,
Bien es de los miraclos semeiant e calanna.

353   Un monge la escrípso, omne bien verdadero,
De Sant Miguel era de la Clusa claustero:
Era en essi tiempo en Borges ostalero,
Peidro era su nomne, so ende bien certero.

354   Tenie en essa villa, ca era menester,
Un clerigo escuela de cantar e leer:
Tenie muchos criados a letras aprender,
Fijos de bonos omnes que querien más valer.

355   Venie un iudezno natural del logar
Por savor de los ninnos, por con ellos iogar:

---

352 c *si*, 'así'.— d *calanna*, 'igual'; véase 159 *b*.
353 b *claustero*, 'monje'; el ms. Ibarreta, "claustere".— c *ostalero*, 'encargado de la hospedería'.
354 c *criados*, 'discípulos'.
355 a *iudezno*, 'judío'.

Acogienlo los otros, no li fazien pesar,
Avien con él todos savor de deportar.

356   En el dia de Pascua domingo grand mannana,
Quando van Corpus Domini prender la yent cris-
Prísol al iudezno de comulgar grand gana,   [tiana,
Comulgó con los otros el cordero sin lana.

357   Mientre que comulgavan a mui grand presura,
El ninno iudezno alzó la catadura,
Vio sobrel altar una bella figura,
Una fermosa duenna con genta creatura.

358   Vio que esta duenna que posada estava,
A grandes e a chicos ella los comulgava:
Pagóse della mucho; quanto más la catava
De la su fermosura más se enamorava.

359   Yssió de la eglesia alegre e pagado,
Fué luego a su casa como era vezado.
Menazólo el padre porque avie tardado,
Que mereciente era de seer fostigado.

360   "Padre, —dixo el ninno— non vos negaré nada,
Ca con los cristianiellos fui grand madurgada,
Con ellos odí missa ricamientre cantada,
E comulgué con ellos de la ostia sagrada."

---

357 b *catadura*, 'mirada, vista'.— **d** *genta*, 'gentil': "dexó
le una fija genta de grant manera." *Apolonio*, 4 *b*.
359 b *vezado*, 'avezado, acostumbrado'.

361   Pessóli esto mucho al mal aventurado,
      Como si lo toviesse muerto o degollado:
      Non sabia con grand ira que fer el diablado,
      Fazie figuras malas como demoniado.

362   Avie dentro en casa esti can traidor
      Un forno grand e fiero que fazie grand pavor:
      Fizolo encender el locco peccador,
      De guisa que echava soveio grand calor.

363   Priso esti ninnuelo el falso descreido
      Asin como estava calzado e vestido:
      Dio con él en el fuego bravament encendido:
      Mal venga a tal padre que tal faze a fijo.

364   Methió la madre vozes e grandes carpellidas,
      Tenie con sus onçeias las massiellas ronpidas,
      Ovo muchas de yentes en un rato venidas,
      De tan fiera queja estavan estordidas.

365   El fuego porque bravo, fue de gran cosiment,
      No li nuzió nin punto, mostróli buen talent,

---

362 a *can traidor*, 'perro traidor', epíteto que también aplica
el Cid a los Infantes de Carrión, *Poema del Cid*, 3263.— **d** *so-
veio*, 'grande'.

364 a *e.* Sánchez y Janer leen "a" sin ninguna razón y
hacen equivocarse a LANCHETAS en cuanto al significado de
"carpellidas".— *carpellidas*, 'arañazos'; compárese "carpir", 'ara-
ñarse, maltratarse': "la sennora carpía sus fazes et dexávase
quebrantar en tierra." *Leyenda de Crescencia*, pág. 531.— **b** *on-
çeias*, 'uñas'.— **d** *estordidas*, 'aturdidas'; véase 178 *b*.

365 a *porque*, 'aunque'.— *cosiment*, 'favor, piedad'; véase

El ninnuelo del fuego estorció bien gent,
Fizo un gran miraclo el Rei omnipotent.

366 Iazie en paz el ninno en media la fornaz,
En brazos de su madre non iazrie más en paz,
Non preciaba el fuego más que a un rapaz,
Cal fazie la Gloriosa companna e solaz.

367 Issió de la foguera sin toda lission,
Non sintió calentura más que otra sazon,
Non priso nulla tacha, nulla tribulacion,
Ca pusiera en elli Dios la su bendicion.

368 Preguntaronli todos, iudios e cristianos,
Como podio venzer fuegos tan sobranzanos,
Quando él non mandava los piedes ni las manos;
Quí lo cabtenie entro fiziesselos certanos.

369 Recudiólis el ninno palavra sennalada:
"La duenna que estava enna siella orada,
Con su fijo en brazos sobrel altar posada,

---

1 b.— c *estorció*, 'salvó'.— *bien gent*, 'muy gentil'; "bien e
gent" se repite en Berceo, siempre con el mismo significado, en
402 d, *Santo Domingo*, 38 b, 271 b. Otros ejemplos: "movio
gent su palabra, começó de dezir." *Alexandre, P.*, 926 a. "la
duenya fue venida sobre gent adobada." *Apolonio*, 485 a. Com-
párese "gent" en antiguo francés, GODEFROY, *Dict.*
    366 a *fornaz*, 'horno'.
    368 b *sobranzano*, 'excesivo'. Sánchez y Janer leyeron "so-
branzanos"; pero el ms. Ibarreta pone tilde sobre la primera
"a". FITZ-GERALD, *Santo Domingo*, 191 c, establece en su tex-
to "sobrançano".— d *cabtenie*, 'sostenía'.— *entro*, 'dentro'.

Essa me defendie, que non sintie nada."

370   Entendieron que era Sancta Maria ésta
Que lo defendió ella de tan fiera tenpesta:
Cantaron grandes laudes, fizieron rica festa,
Methieron esti miraclo entre la otra gesta.

371   Prisieron al iudio, al falsso desleal,
Al que a su fijuelo fiziera tan grand mal,
Legaronli las manos con un fuerte dogal,
Dieron con elli entro en el fuego cabdal.

372   Quanto contarie omne poccos de pipiones,
En tanto fo tornado cenisa e carbones:
Non dizien por su alma salmos ni oraciones,
Mas dizien denosteos e grandes maldiziones.

373   Dizienli mal oficio, facienli mala ofrenda,
Dizien por pater noster: "qual fizo, atal prenda".
De la comunicanda domni Dios nos defenda,
Por al diablo sea tan maleita renda.

374   Tal es Sancta Maria que es de gracia plena:
Por servicio da gloria, por deservicio pena,
A los bonos da trigo, a los malos avena,
Los unos van en gloria, los otros en cadena.

---

370 d   *gesta*, 'historia'.
371 c   *legaronli*, 'le ataron'.
372 a   *pipiones*, 'moneda de poco valor'.— d *denosteos*, 'de-nuestos, injurias'.
373 d   *maleita renda*, 'maldita renta'.

375 Qui servicio li faze, es de buena ventura,
  Quil fizo deservicio, nació en ora dura:
  Los unos ganan gracia, e los otros rencura,
  A bonos e a malos so fecho los mestura.

376 Los que tuerto li tienen o que la desirvieron,
  Della mercet ganaron, si bien gela pidieron:
  Nunqua repoió ella a los que la quisieron,
  Ni lis dió en refierta el mal que li fizieron.

377 Por provar esta cosa que dicha vos avemos,
  Digamos un exiemplo fermoso que leemos:
  Quando fuere contado, meior lo creeremos,
  De buscarli pesar más nos aguardaremos.

---

375 d *mestura*, 'descubre'; véase 49 *d.*

376 c *repoió*, 'repudió'.— **d** *refierta*, 'réplica airada': "et aquel que toma la jura debe responder amen, sin refierta ninguna: ca non es guisado que aquel que toma la jura sea maltraido por su derecho que demanda." *Partida* III, tít. XL, ley XIX; "maravillado me hago de ti que no puedo ya sofrir ni durar tus chufas, nin tus refiertas ni tus denuestos." *Conquista de Ultramar*, pág. 261.

377 d *aguardaremos*, 'guardaremos, abstendremos'.

XVII. La iglesia profanada

378   Tres caballeros eran de una atenencia,
Con otro so veçino avian mal querencia,
Matarienlo de grado, si oviessen potencia,
En buscarli muerte mala metien toda femencia.

379   Tanto podieron ellos rebolver e buscar,
Ovieronlo un dia solo a varruntar,
Echaronli celada, ca querienlo matar,
Más lo querrien tener que grand aver ganar.

380   Entendiólos el otro que lo querrian matar,
Non se osó por nada con ellos acampar,
Enpezó a foir, qua querie escapar,
Movieron luego ellos, fueronlo encalzar.

381   El que yva fuiendo con mui grand pavor,
Trovó una eglesia, ovo end grand sabor,

---

378 a *atenencia*, 'amistad'.
379 b *solo a varruntar*, 'saber por indicios o por espías que andaba solo'.
380 d *encalzar*, 'alcanzar'.
381 b *trovó*, 'encontró'; Sánchez y Janer leen "troció".

Era de la Gloriosa fecha en su honor,
Escondióse en ella mesquino peccador.

382   Los que lo segudavan, que lo querien matar,
Non ovieron verguenza del sagrado logar:
Quísolo la Gloriosa e Dios desamparar,
Ovieronli la alma del cuerpo a sacar.

383   Dentro enna eglesia de la Virgo sagrada
Hi fue esta persona muerta e livorada:
Tóvose la Gloriosa mucho por afontada,
Los que la afontaron non ganaron y nada.

384   La Reina de gloria tóvose por prendada,
Porque la su eglesia fincava violada:
Pesól de corazon, fo ende despechada,
Demostrógelo luego que lis era irada.

385   Enbió Dios en ellos un fuego infernal,
Non ardie e quemava como el de San Marzal,
Quemavalis los mienbros de manera mortal,
Dizien a grandes vozes: "¡Sancta Maria, val!"

386   Con esta maiadura eran mui maltrechos,
Perdien piedes e manos, e fincavan contrechos,

---

382 a *segudavan*, 'perseguían'.
383 a *enna la* dice el ms. Ibarreta, y así leyeron Sánchez
y Janer.— b *livorada*, 'acardenalada'; véase 265 *a*.
385 b *San Marzal*, abogado contra el fuego; véase nota de
Sánchez.— d *val*, 'ayúdanos'.
386 b *contrechos*, 'contraídos', como explica el verso si-
guiente.

Las piernas e los brazos bien cerca de los pechos;
Iva Sancta Maria prendiendo sus derechos.

387   Entendienlo los pueblos, ellos no lo negaban,
Las virtudes sannosas que ellas lo maiavan,
Que ellos merecieron por ond tanto lazravan,
No lo asmavan ellos, cuando las violavan.

388   Los sanctos ni las sanctas no lis querrien valer,
Peoravan cutiano a mui grand poder,
Prisieron un conseio, ante fuera a prender,
Tornar enna Gloriosa que los fazie arder.

389   Cadieronli a prezes delant el su altar,
Plorando de sus oios quanto podien plorar,
Dizien: "Madre gloriosa dennanos perdonar,
Ca non trobamos otro que nos pueda prestar.

390   Si nos mal mereciemos, ricament lo lazramos,
Bien nos verrá emiente mientre vivos seamos,
Madre, si nos perdonas, bien te lo otorgamos,
Que enna tu eglesia fuerza nunqua fagamos.

391   Madre, dante buen preçio, que eres piadosa,
Siempre piadat traes maguer eres sannosa:
Madre plena de gracia, perdona esta cosa,
Danos buena respuesta tenprada e sabrosa.

---

388 b *peoravan*, 'empeoraban'.
389 d *prestar*, 'favorecer, ayudar'.
390 a *lazramos*, 'penamos'.— b *emiente*, 'en mientes'; Sánchez y Janer leen "en miente".

392 Madre, repisos somos del yerro que fiziemos,
Erramos duramiente, grand locura trasquiemos,
Prisiemos grand quebranto, maior lo mereciemos,
Pechado lo avemos el escot que comiemos.

333 Madre, si non nos vales, de ti non nos partremos,
Si tu non nos perdonas, daquende nos iremos,
Si tu non nos acorres a nada nos tenemos,
Sin ti desta fiebre terminar non podremos."

394 La Madre gloriosa, solaz de los cuitados,
Non desdennó los gémitos de los omnes lazrados,
Non cató al su mérito nin a los sus peccados,
Mas cató su mesura, valió a los quemados.

395 La duenna piadosa que fué ante irada,
Fué perdiendo la ira e fué más amansada:
Perdonolis la sanna que lis tenie alzada,
Toda la malathia fue luego acabada.

396 Amansaron los fuegos que los fazien arder,
Avien maior remedio que non solien aver,
Sintien que la Gloriosa pro lis querie tener,
Ploravan con grand gozo, non se savien que fer.

397 Amansaron los fuegos, perdieron los dolores,

---

392 a *repisos*, 'arrepentidos'.— b *trasquiemos*, 'trajimos, hi-
cimos'.—d *pechado*, 'pagado'.
393 c *acorres;* el ms. Ibarreta, "acorreres".
394 b *lazrados;* el ms. Ibarreta, "laizados".
395 d *acabada;* el ms., "abadada".

Mas nunqua de los miembros non fueron bien
                                        [sennores,
Siempre fueron contrechos, siempre mendigadores,
Siempre se aclamavan por mucho peccadores.

398   Con esta meioria que Dios lis quiso dar
Fueron luego al bispo absolucion ganar:
Fizieron confession como la devien far,
Plorando de los oios, mostrando grand pesar.

399   Maestrólos el bispo, udió su confession,
Entendió que vinien con buena contricion,
Diolis su penitencia e la absolucion
Todo lo al passado, diolis su bendicion.

400   Sin muchas romerias que lis mandó andar,
Sin muchas oraciones que lis mandó rezar,
Las armas con que fueron la eglesia quebrantar,
Mandógelas por siempre a sus cuestas levar.

401   Estos penitenciales quando fueron maestrados,
E fueron absolvidos de todos los peccados,
Departieronse luego, tristes e desarrados,
Fueron a sendas partes de sus armas cargados.

402   A sendas partes fueron, en uno non tovieron,
Como es mi creencia, nunqua más se vidieron,
Nunqua más so un techo todos tres non ioguieron,
Lo que mandó el bispo bien e gent lo cumplieron.

---

398 c   *far*, 'hacer'.
401 c   *desarrados*, 'desamparados'; véase 95 *a*.
402 d   *bien e gent*, 'bien y gentilmente'; véase 365 *c*.

403   Si en fer la nemiga fueron bien denodados,
En fer la penitencia fueron bien aspirados:
No lis dolien los miembros, andaban bien lazrados,
Prendiendo malas noches, e dias denegrados.

404   Si en fer el peccado fueron ciegos e botos,
Fueron en emendarlo firmes e mui devotos:
Quantos dias visquieron, fueron muchos o poccos,
Dieron sobre sos carnes lazerio e corrotos.

405   De todos tres el uno flaco e mui lazrado
Vino en Anifridi, como diz el dictado:
Alvergó enna villa, dieronli ospedado,
Con una sancta femna do fué bien albergado.

406   Contólis a los uespedes toda su aventura,
Como enna eglesia fizieron desmesura,
Como Sancta Maria ovo dellos rencura,
E como se perdieron de mala calentura.

407   Teniendo que su dicho no li serie creido,
Delante muchos omnes tollióse el vestido,
Demostrólis un fierro que traie escondido
Cinto a la carona, correon desabrido.

---

403 d *denegrados*, 'negros, ennegrecidos'.
404 d *corrotos*, 'mortificaciones'; véase G. PARIS, *Romania*, XXVIII, 288.
405 c *ospedado*, 'hospedaje'.— d *femna*, 'hembra'.
407 d *a la carona*, 'inmediato a la carne o parte del cuerpo': "alço el un pie e métolo asi a carona de mi vientre." *Calila y Dimna*, ed. Alemany, 483; "et pusol a carona del

408   Podie aver en ancho quanto media palmada,
       Era cerca del fierro la carne mui inchada,
       La que iazie de iuso era toda quemada:
       Fuesse end otro dia de buena madurgada.

409   Fizieronse los omnes todos maravillados,
       Ca udien fuertes dichos, vedien miembros dannados,
       Doquier que se iuntavan mancebos o casados,
       Deso fablavan todos, mozos e aiumados.

410   Fué luego est miraclo escripto e notado,
       Por amor que non fuesse en oblido echado:
       Cogieron muchos miedo de facer tal peccado,
       De quebrantar eglesia e logar consegrado.

411   Tal es Sancta Maria qual entender podedes,
       A los que en mal andan echalis malas redes,
       Sobre los convertidos faze grandes mercedes,
       Muchos son los exiemplos que desto trovaredes.

412   Tantos son los exiemplos que non serien contados,
       Ca crecen cada dia, dizenlo los dictados:
       Estos con ciento tantos, diezmos serien echados:
       Ella ruegue a Cristo por los pueblos errados.

---

cuerpo un gambax fecho de un rançal blanco." *Prim. Crón.
Gral.*, 637; "o vestiendo escapulario a carona de la carne fecho
como balandre." *Partida* I, tít. IV, ley XCII.
    408 a *palmada*, 'palmo'.
    409 d *mozos e aiumados*, 'gente joven (rapada) y viejos
con cabellera'; véase 39 c.

XVIII. Los judíos de Toledo

413   En Toledo la noble, que es arzobispado,
Un dia de grand festa por agosto mediado,
Festa de la Gloriosa Madre del buen Criado,
Conteció un miraclo grand e mui sennalado.

414   Sedie el arzobispo, un leal coronado,
En medio de la missa sobrel altar sagrado:
Udiendola grand pueblo, pueblo bien adobado,
La eglesia bien plena, el coro bien poblado.

415   Las gentes mui devotas sedien en oracion
Como omnes que quieren ganar de Dios perdon:
Udieron una voz de grand tribulacion
Por ond fo perturbada toda la procession.

416   Fablólis voz del cielo dolient e querellosa:
"Oid, —dixo— cristianos, una estranna cosa:
La gent de iudaismo, sorda e cegaiosa,
Nunqua contra don Cristo non fo más porfiosa.

---

414 a *leal coronado;* véase 48 c.— c *adobado,* 'dispuesto'.
416 c *cegaiosa,* 'ciega': "mas su aventura estava cegajosa, que se yva cercando la ora peligrosa." *Alexandre, P.,* 1272.

417 Secundo que nos dizen las sanctas Escripturas,
Fizieron en don Cristo mui grandes travesuras:
Taiava essa cuita a mí las assaduras:
Mas en ellos quebraron todas las sus locuras.

418 Nin se dolien del Fijo que mal non merecie,
Nin de la Madre suya que tal cuita vidie:
Pueblo tan descosido que tal mal comedie,
Qui al tal li fiziesse, nul tuerto non farie.

419 Los que mala nazieron falssos e traidores,
Agora me renuevan los antigos dolores,
En grand priesa me tienen e en malos sudores,
En cruz está mi Fijo, luz de los peccadores.

420 Otra vez crucifigan al mi caro Fijuelo,
Non entendrie ninguno quand grand es el mi duelo,
Criasse en Toledo un amargo maiuelo,
Non se crió tan malo nunqua en esti suelo."

421 Udieron esta voz toda la clereçia,
E muchos de los legos de la mozaravia,
Entendieron que era voz de Sancta Maria,
Que façien contra ella los iudios follia.

422 Fabló el arzobispo que la missa cantava,
Escuchólo el pueblo que cerca li estava:

---

419 a *mala*, 'mala hora'.
420 c *maiuelo*, 'majuelo, viña nueva'. Berceo emplea esta
palabra frecuentemente en sentido figurado con el significado de
'plantel'. Véase Lanchetas, que da otros ejemplos.

"Creed, —disso— conceio, que la voz que fablava,
Prende mui grand superbia, por en se querellava.

423 Sepades que iudios fazen alguna cosa,
En contra Jesu Cristo, fijo dela Gloriosa:
Por essa cuita anda la madre querellosa,
Non es esta querella baldrera nin mintrosa.

424 Conviento e conceio, quantos aqui seedes,
Meted mientes en esto e no lo desdennedes:
Si la cosa buscaredes, batuda hallaredes,
Desta malfetria derecho tomaredes.

425 Vaiamos a las casas, esto no lo tardemos,
De los rabís maiores, ca algo hallaremos:
Desemos las iantares, ca bien las cobraremos;
Si non, de la Gloriosa mal rebtados seremos."

426 Movieronse los pueblos, toda la clereçia,
Fueron a mui grand priesa pora la iuderia,
Guiólos Jesu Cristo e la Virgo Maria,
Fo luego escubierta la su alevosia.

427 Fallaron enna casa del raví más onrrado
Un grand cuerpo de cera como omne formado,

---

422 d *por en*, 'por ende, a causa de esto'.
423 d *baldrera*, 'baldía, ociosa': "el pecado que nunca pue-
de seer baldero, pora dannar los bonos busca siempre sendero."
Alexandre, M., 1807; "avie muchos conçeios, yentes mucho
balderas, jograres de todol mundo e de muchas maneras." *Ale-
xandre, M.*, 314.
424 c *batuda*, 'rastro'.— d *malfetria*, 'mala acción'

como don Cristo sóvo, sedie crucifigado,
Con grandes clavos preso, grand plaga al costado.

428 Quanta fonta fizieron en el nuestro Sennor,
Alli la fazien toda, por nuestra desonor:
Recabdaronlos luego, mas non con grand savor:
Qual fazien tal prisieron, grado al Criador.

429 Fueron bien recabdados los que prender podieron,
Dieronlis iantar mala qual ellos merecieron:
Hi fizieron tu autem, mala muerte prisieron,
Depues lo entendieron, que mal seso fiçieron.

430 Qui a Sancta Maria quisiere afontar,
Como estos ganaron, assin deven ganar;
Mas pensemos la nos de servir e honrrar,
Ca nos a el su ruego en cabo a prestar.

---

428 c *recabdaronlos*, 'los despacharon, los mataron'.
429 a *recabdados*, igual significación que en la nota anterior.
430 d *ca nos a*, 'pues nos tiene'.

XIX. UN PARTO MARAVILLOSO

431   De un otro miraclo vos queremos contar
Que cuntió otro tiempo en un puerto de mar:
Estonz lo entendredes e podredes iurar,
La virtud de Maria que es cada logar.

432   Entendredes en ello como es la Gloriosa
En mar e en terreno por todo poderosa:
Como vale aina, ca non es perezosa,
E nunqua trovó omne madre tan piadosa.

433   Cerca una marisma, Tumba era clamada,
Faziase una isla cavo la orellada,
Fazie la mar por ella essida e tornada,
Dos vezes en el dia, o tres a la vegada.

434   Bien dentro enna isla de las ondas cerquiella,
De San Miguel era, avie una capiella,
Cunthien grandes virtutes siempre en essa ciella,

---

432 b *terreno*, 'tierra'.
433 b *cavo*, 'junto a'.
434 a *cerquiella*, 'cerquita'.— c *cunthien*, 'acontecían'.—
ciella, 'monasterio'; véase 166 c.

Mas era la entrada un poco asperiella.

435   Quando querie el mar contra fuera essir,
Isie a fiera priessa, non se savie sofrir:
Omne maguer ligero, no li podrie foir;
Si ante non issiesse, hi avrie a perir.

436   El dia de la festa del Arcangel precioso
Era el mar más quedo, iazie más espacioso.
Udie el pueblo missa non a son vagoroso,
Fuien luego a salvo a corso presuroso.

437   Un dia por ventura con la otra mesnada
Methióse una femna flaquiella e prennada,
Non podió aguardarse tan bien a la tornada,
Tóvose por repisa por que era entrada.

438   Las ondas vinien cerca, las gentes alongadas,
Avie con el desarro las piernas enbargadas,
Las compannas non eran de valerli osadas,
En poquiello de termino iazien muchas iornadas.

439   Quand al non podien las gentes, con ardura

---

435 d *perir*, 'perecer'.
436 c *non a son vagoroso*, 'no de vagar, sino de prisa':
es decir que, aunque el mar está tranquilo, prevén que puede
subir rápidamente, según explica en 433 y 434.— **d** *corso*, 'ca-
rrera'.
437 c *aguardarse*, 'guardarse, precaverse'; el ms. Ibarreta:
"*aguardasse*".— **d** *repisa*, 'arrepentida'.
438 b *desarro*, 'desconsuelo, desáuimo'; el ms. Ibarreta:
"desarraro".
439 a *ardura*, 'aflicción'.

"¡Válasli, Sancta Maria!", dizien a grand presura;
La prennada mesquina, cargada de rencura,
Fincó entre las ondas en fiera angostura.

440 Los que eran essidos, como non vedien nada,
Cuidavan bien sin dubda que era enfogada:
Dizien: "Esta mesquina fué desaventurada:
Sos peccados tovieronli una mala celada!"

441 Ellos esto diziendo, encogióse la mar,
En pocco de rathiello tornó en su logar,
Quisolis don Cristo grand miraclo demostrar,
Por ond de la su Madre oviessen que fablar.

442 Ellos que se querien todos ir su carrera,
Estendieron los oios, cataron a la glera,
Vidieron que vinie una mugier sennera,
Con so fijo en brazos en contra la ribera.

443 Fizieronse las gentes todas maravilladas,
Tenien que fantasia las avie engannadas;
Pero a pocca dora fueron certifigadas,
Rendien gracias a Cristo todas manos alzadas.

444 Dissieron: "Dezit, duenna, por Dios e caridat,
Por Dios vos coniuramos, dezitnos la verdat,
Dezitnos de la cosa toda certenedat,

---

440 b *cuidavan*, 'pensaban'.
442 b *glera*, 'arenal, playa'.
443 c *a pocca dora*, 'al poco tiempo'.

E como vos livrastes de vuestra enprennedat.

445 Por Dios avino esto, en ello non dubdamos,
E por Sancta Maria a la que nos rogamos,
E por Sant Miguel, en cuia voz andamos:
Es esti miraclo bien que lo escrivamos."

446 "Oid,—disso la duenna—la mi buena companna,
Creo que non udiestes nunqua meior hazanna:
Será bien retraida pro la tierra estranna,
En Grecia e en Africa, e en toda Espanna.

447 Quando vi que de muert estorcer non podria,
Que de las fieras ondas circundada sedia,
Comendeme a Cristo e a Sancta Maria,
Ca pora mi conseio otro non entendia.

448 Yo en esto estando vino Sancta Maria,
Cubrióme con la manga de la su almexia:
Non sentia nul periglo más que quando dormia,
Si ioguiesse en vanno, más léida non seria.

449 Sin cuita e sin pena, sin ninguna dolor
Parí esti fijuelo, grado al Criador:
Ovi buena madrina, non podrie meior,
Fizo misericordia sobre mí peccador.

450 Fizo en mi grand gracia non una, ca doblada:

---

447 a *estorcer*, 'salvarme'.
448 b *almexia*, 'manto'.— d *léida*, 'leda, alegre'.

Si por ella non fuesse, serie enfogada:
Valióme en el parto, si non, serie dannada:
Nunqua mugier non ovo madrina tan onrrada.

451 Assin fo mi façienda, como yo vos predigo,
Fizo Sancta Maria grand piadat comigo,
Onde todos devemos prender ende castigo,
Pregarla que nos libre del mortal enemigo."

452 Ovieron del miraclo todos grand alegria,
Rendieron a Dios gracias e a Sancta Maria,
Ficieron un buen cántico toda la clereçia,
Podrielo en la eglesia cantar la clerezia.

453 Cristo, sennor e padre, del mundo redentor,
Que por salvar el mundo sofrist muert e dolor,
Tu seas beneito, ca eres buen sennor,
Nunca te priso asco del omne peccador.

454 Tu librest a Ionás del vientre del pescado,
Que le tovo tres dias en el vientre cerrado,
Non priso lision, ca fue de ti guardado:
El miraclo vieio oi es renovado.

455 Fijos de Isrrael quando la mar passaron,
Que por tu mandamiento tras Moises guiaron,
Iaciendo so las ondas nul danno non tomaron;
Mas los persecutores todos se enfogaron.

---

451 c *castigo*, 'ejemplo, consejo'.
453 c *beneito*, 'bendito'; el ms. Ibarreta: "benetto".

456 　　Los antigos miraclos preciosos e onrrados
　　Por oio los veemos agora renovados:
　　Sennor, los tos amigos en el mar fallan vados,
　　A los otros en seco los troban enfogados.

457 　　Sennor, la tu potentia grand e marabillosa
　　Essa salvó a Peidro enna mar periglosa:
　　Sennor que encarnesti enna Virgo gloriosa,
　　En ti solo fiamos, ca non en otra cosa.

458 　　Sennor, benedicta sea la tu virtut sagrada,
　　Benedicta la tu madre Reina coronada:
　　Tu seas bendicho, ella sea laudada:
　　Sennor, ovist en ella benedicta posada!

459 　　Sennor, que sin fin eres e sin enpezamiento,
　　En cuia mano iazen los mares e el viento,
　　Denna tu bendicion dar en est conviento,
　　Que laudarte podamos todos de un taliento.

460 　　Varones e mugieres quantos aqui estamos,
　　Todos en ti creemos e a ti adoramos:
　　A ti e a tu madre todos glorificamos:
　　Cantemos en tu nomne el Te Deum laudamus.

XX. El clérigo embriagado

461   De un otro miraclo vos querria contar
Que cuntió en un monge de ábito reglar:
Quisolo el diablo durament espantar,
Mas la Madre gloriosa sopo gelo vedar

462   De que fo enna orden, bien de que fo novicio
Amó a la Gloriosa siempre facer servicio:
Guardóse de follia de fablar en fornicio:
Pero ovo en cabo de caer en un vicio.

463   Entró enna bodega un dia por ventura,
Bebió mucho del bino, esto fo sin mesura,
Enbebdóse el locco, issió de su cordura,
Iogó hasta las viesperas sobre la tierra dura.

464   Bien a ora de visperas el sol bien enflaquido,
Recordó malamientre, andaba estordido:
Issió contra la claustra hascas sin nul sentido:

---

462 a   *bien de que;* el ms. Ibarreta omite "que".
463 c   *enbebdóse.* 'se embriagó'.
464 b   *estordido,* 'aturdido'; véase 178 *b.*— **c** *hascas,* 'casi'.
Su grafía más corriente es "fascas".

Entendien gelo todos que bien avie bevido.

465 Pero que en sos piedes non se podie tener,
Iva a la eglesia como solia façer,
Quisoli el diablo zancajada poner,
Ca bien se lo cuidaba rehezmientre vencer.

466 En figura de toro que es escalentado,
Cavando con los piedes, el ceio demudando,
Con fiera cornadura sannoso e yrado
Paróseli delante el traidor provado.

467 Facieli gestos malos la cosa diablada,
Que li metrie los cuernos por media la corada,
Príso el omne bueno mui mala espantada,
Mas valiól la Gloriosa, reina coronada.

468 Vino Sancta Maria con ábito onrrado,
Tal que de omne vivo non serie apreciado,
Methieselis in medio a él e al peccado,
El toro tan superbio fue luego amansado.

---

465 a *pero que*, 'aunque'.— **d** *rehezmientre*, 'fácilmente'.

466 a *escalentado*, 'furioso, enardecido'.— **b** *ceio*, 'mirada': "alço contra la duenya un poquiello el çeio, fué ella de ver-guença presa un poquilleio." *Apolonio*, 188; "ponense solep-nemente e luego abaxan el çejo". *Rimado de Palacio*, 315 *b.* Véase 471 *b.*— *demudando;* Sánchez y Janer corrigen demuda-do, sin razón, pues no es la única rima imperfecta de Berceo y, además, es forma que se corresponde con "cavando".

467 b *corada* es, según COVARRUBIASS "lo interno del ani-mal, dandole nombre el coraçon, como otras veces se le da de asadura, y asi dezimos: corada de cabrito, asadura de carnero".

469   Menazóli la duenna con la falda del manto,
Esto fo pora elli un mui mal quebranto,
Fússo e desterrósse faziendo muy grand planto,
Fincó en paz el monge, gracias al Padre sancto.

470   Luego a poco rato, a pocas de passadas,
Ante que enpezasse a sobir ennas gradas,
Cometiólo de cabo con figuras pesadas:
En manera de can firiendo colmelladas.

471   Vinie de mala guisa, los dientes regannados,
El ceio mui turbio, los oios remellados
Por ferlo todo pieças, espaldas e costados:
"Mesiello, —dizie elli— graves son mis peccados!"

472   Vien se cuidó el monge seer despedaçado,
Sedie en fiera cueta, era mal desarrado,
Mas valiól la Gloriosa, es cuerpo adonado,
Como fizo el toro, fo el can segudado.

473   Entrante de la eglesia enna somera grada
Cometiólo de cabo la tercera vegada
En forma de leon, una bestia dubdada,

---

470 a *passadas*, 'pasos'.
471 b *remelludos*, 'muy abiertos', en señal de ira. Usase
en Asturias: "arremellar".— d *mesiello*, 'mezquino, infeliz':
"e despues dixo: ¡Ay, mesiella, mesiella! E lloraron los que
y se acertaron de los omnes por el llorar que ella fazie." *Buenos Proverbios*, ed. Knust, pág. 56.
472 b *cueta*, 'cuita'.— c *es*, 'ese'.
473 a *somera*, 'última, la más alta'.

Que traie tal fereza que non serie asmada.

474 Alli cuidó el monge que era devorado,
Ca vidie por verdat un fiero encontrado:
Peor li era esto que todo lo passado,
Entre su voluntat maldizie al peccado.

475 Diçie: "¡Valme gloriosa madre Sancta Maria,
Válame la tu gracia oi en esti dia,
Ca só en grand afruento, en maior non podría:
Madre, non pares mientes a la mi grand follia!"

476 Abés podió el monge la palavra complir
Veno Sancta Maria como solie venir
Con un palo en mano pora leon ferir:
Methióselis delante, enpeçó a dezir:

477 "Don falso alevoso: non vos escarmentades
Mas io vos daré oi lo que vos demandades:
Ante lo conpraredes que daquend vos vayades,
Con quien volvistes guerra quiero que lo sepades."

478 Enpezóli a dar de grandes palancadas,
Non podien las menudas escuchar las granadas,
Lazrava el leon a buenas dinaradas,

---

474 b *encontrado*, 'encuentro'.
475 c *afruento*, 'apuro'.
476 a *abés*, 'apenas'.— *complir*, 'acabar'.
478 a *palancadas*, 'golpes de palo o de palanca'; véase
Cornu, *Romania*, IX, 134.— b *granadas*, 'grandes'.— c *dina-
radas* era lo que podía comprarse con un dinero, según Me-
néndez Pidal, *Cantar*, pág. 628; este sentido de 'ración' sirve

Non obo en sus dias las cuestas tan sovadas.

470 Diçiel la buena duenna: "Don falso traidor
Que siempre en mal andas, eres de mal sennor:
Si más aqui te prendo en esti derredor,
De lo que oi prendes aun prendrás peor."

480 Desfizo la figura, enpezó a foir,
Nunqua más fo osado al monge escarnir,
Ante passó grand tiempo que podiesse guarir,
Plógoli al diablo quando lo mandó ir.

481 El monge que por todo esto avia pasado,
De la carga del vino non era bien folgado,
Que vino e que miedo avienlo tan sovado,
Que tornar non podió a su lecho usado.

482 La Reina preciosa e de precioso fecho
Prísolo por la mano, levólo poral lecho,
Cubrió lo con la manta e con el sobrelecho,
Pusol so la cabeza el cabezal derecho.

483 Demás quando lo ovo en su lecho echado
Sanctiguol con su diestra e fo bien sanctiguado:
"Amigo, —dissol— fuelga, ca eres mui lazrado,

de base para el metafórico 'a buenas raciones, abundantemente'.
—d cuestas, 'costillas'.
482 c sobrelecho, 'colcha': "et por las mantas e sobrelechos
de camas por cada una quatro mrs." Cortes de León y Castilla,
II, 120.— d cabezal, 'almohada': "et todo este dia yaga el fal-
con enbuelto en un paño de lino, encamisado sobre un cabeçal."
LÓPEZ DE AYALA, Caza, pág. 119.

Con un pocco que duermas luego serás folgado.

484   Pero esto te mando, afirmes te lo digo,
Cras mannana demanda a fulan mi amigo,
Conffiessate con elli e serás bien comigo,
Ca es mui buen omne, e dartá buen castigo.

485   Quiero io que mi vian salvar algun cuitado,
Esto es mi delicio, mi officio usado:
Tú finca bendicho a Dios acomendado;
Mas non se te oblide lo que te e mandado."

486   Dixol el omne bueno: "Duenna, fe que devedes,
Vos que en mi fiziestes tan grandes mercedes,
Quiero saber qui sodes, o que nomne avedes,
Ca io gano en ello, vos nada non perdedes."

487   Disso la buena duenna: "Seas bien sabidor,
Io so la que parí al vero Salvador,
Que por salvar el mundo sufrió muert e dolor,
Al que façen los angeles servicio e onor."

488   Disso el omne bono: "Esto es de creer:
De ti podrie, Sennora, esta cosa nacer:

---

484 a *afirmes*, 'firmemente'.— b *cras mannana*, 'mañana
por la mañana'.— d *dartá*, 'dar te ha, te dará'.— *castigo*, 'con-
sejo'.
    485 a *mi vian*, 'me vean (?)'. Sánchez y Janer corrigie-
ron: "mi via".— b *delicio*, 'delicia'.
    486 a *fe que devedes;* véase 294 *a*. Igual que en aquel caso,
Sánchez y Janer leen "se"; pero en éste el ms. Ibarreta
dice "fe".

Déssateme, Sennora, los tu piedes tanner,
Nunqua en esti sieglo veré tan grand plazer."

489   Contendie el bon omne, queriesse levantar,
Por fincar los inoios, los piedes li besar;
Mas la Virgo Gloriosa no lo quiso esperar,
Tollióseli de oios, ovo él grand pesar.

490   No la podie a ella por do iva veer,
Mas vedie grandes lumnes redor ella arder:
No la podie por nada de los oios toller,
Facie mui grand' derecho, ca fizol grand placer.

491   Otro dia mannana, venida la luz clara,
Buscó al omne bono que ella li mandara:
Fizo su confession con urnildosa cara,
No li celó un punto de quanto que pasara.

492   El maestro al monge, fecha la confession,
Dioli conseio bueno, dioli absolucion:
Methió Sancta Maria en él tal bendicion,
Que valió más por elli toda essa congregacion.

493   Si ante fora bono, fo desende meior:
A la sancta reina Madre del Criador

---

488 c *déssateme*. Berceo funde en una las dos construccio-
nes: "déjame que te toque" y "déjame tocar".
490 b *lumnes*, 'lumbres, luces'.
491 d *celó*, 'ocultó'.
492 a *maestro*, 'monje confesor'.

Amóla siempre mucho, fizol siempre onor:
Feliz fo el que ella cogió en su amor.

494   El otro omne bono no lo savrie nomnar,
Al que Sancta Maria lo mandó maestrar.
Cogió amor tan firme de tanto la amar
Que dessarsie por ella la cabeza cortar.

495   Todas las otras gentes, legos e coronados,
Clerigos e canonges e los escapulados,
Fueron de la Gloriosa todos enamorados
Que save acorrer tan bien a los cuitados.

496   Todos la bendiçien e todos la laudavan,
Las manos e los oios a ella los alçavan,
Retraien los sos fechos, las sos laudes cantavan,
Los dias e las noches en esso las passavan.

497   Sennores e amigos, muevanos esta cosa,
Amemos e laudemos todos a la Gloriosa,
Non echaremos mano en cosa tan preciosa
Que tan bien nos acorra en ora periglosa.

498   Si nos bien la sirvieremos, quequiere quel pidamos
Todo lo ganaremos, bien seguros seamos:

---

494 d *dessarsie*, o sea "dexar se hie", 'se dejaría'.
495 a *coronado*, 'clérigo', opuesto a lego, lo mismo que en
24 *b* y en *San Millán*, 421 *c*.— *escapulados*, 'que lleva escapu-
lario'; es otro modo de designar a los clérigos: "Señor Sancto
Domingo, leal escapulado." *Santo Domingo*, 86 *a*.

Aqui lo entendremos bien ante que muramos,
Lo que alli methieremos que bien lo enpleamos.
490   Ella nos dé su gracia e su bendicion
Guardenos de peccado e de tribulacion,
De nuestras liviandades gane nos remission,
Que non vaian las almas nuestras en perdicion.

XXI. La abadesa encinta

500
Sennores e amigos, companna de prestar,
De que Dios se vos quiso traer a est logar,
Aun si me quissiessedes un poco esperar,
En un otro miraclo vos querria fablar.

501
De un otro miraclo vos querria cantar
Que fizo la Gloriosa estrella de la mar:
Si oirme quisieredes, bien podedes iurar
Que de meior boccado non podriedes tastar.

502
Ennos tiempos derechos que corria la verdat,
Que non dicien por nada los omnes falsedat,
Estonz vivien a buenas, vinien a vegedat,
Vedien a sus trasnietos en séptima edat.

---

500 a *de prestar,* 'de provecho, excelente'.

501 d *tastar,* 'gustar': "delibare es tastar gustando", ALON-
SO DE PALENCIA, *Vocabulario,* fol. 107. En la significación de
'tocar' se encuentra en 121 *d* y 730 *d.* Véase MEYER LÜBKE,
Rom. Etym. Wörterbuch, núm. 8595.

502 c *vegedat,* 'vejez'.— **d** *septima edat,* 'viejos, en sus úl-
timos años'; "algunos hi hobo que por este cuento de siete
partieron los saberes a que llaman artes: eso mesmo fecieron
de la edad del home". *Partidas, prólogo.* La niñez es la "pri-

503   Facie Dios por los omnes miraclos cutiano,
     Ca non querie niguno mentir a su cristiano,
     Avien tiempos derechos ivierno e verano.
     Semeiava el sieglo que todo era plano.

504   Si pecavan los omnes, fazien bien penitencia,
     Perdonávalis luego Dios toda la malquerencia,
     Avien con Jesu Cristo toda su atenencia:
     Quierovos dar a esto una buena sentencia.

505   De una abbatissa vos quiero fer conseia,
     Que peccó en buen punto como a mi semeia,
     Quissieronli sus duennas revolver mala ceia,
     Mas nol enpedecieron valient una erveia.

506   En esta abbadesa iazie mucha bondat,
     Era de grand recabdo e de gran caridat,
     Guiava su conviento de toda boluntat,
     Vivien segund regla en toda onestat.

507   Pero la abbadesa cadió una vegada,
     Fizo una locura que es mucho vedada,
     Pisó por su ventura yerva fuert enconada,

---

mera edad": "omne esforçado de primera edat", *Allexandre, P.*, 998 *b*.

503 a *cutiano;* el ms. Ibarreta: "cuitiano".

505 c *ceia*, 'ceja'; aquí, en sentido figurado: 'mala acción'. Compárese: "bien les dan de la ceja do son sus parcioneros." *Arcipreste de Hita*, 506 *b*.— **d** *empedecieron*, 'perjudicaron'; *erveia*, 'arveja': es otro ejemplo de comparación con cosas de poco valor; véase 9 *d*.

Quando bien se catido, fallóse enbargada.

508 Fol creciendo el vientre en contra las terniellas,
Fueronseli faciendo peccas ennas masiellas,
Las unas eran grandes, las otras más poquiellas,
Ca ennas primerizas caen estas cosiellas.

509 Fo de las companneras la cosa entendida,
Non se podie celar la flama encendida,
Pesava a las unas que era mal caida,
Mas plaçielis sobeio a la otra partida.

510 Apremiavalas mucho, tenielas encerradas,
E non les consintie fer las cosas vedadas:
Querrien veerla muerta las locas malfadadas,
Cunte a los prelados esto a las vegadas.

511 Vidieron que non era cosa de encobrir,
Si non, podrie de todas el diablo reir:
Enbiaron al bispo por su carta deçir
Que non las visitava, e develo padir.

512 Entendió el bispo enna mesageria,

507 d *catido*, 'cató, vió'; es forma rara de pretérito; véa-se HANSSEN, *Gram.*, § 252.— *enbargada*, 'embarazada'; véase 513 c; "Senyor, dixo la duenya, yo so embargada; bien anda en siete meses o en mas que so prenyada", *Apolonio*, 251.
508 a *terniellas*, 'pechos'.— b *masiellas*, 'mejillas'.
510 d *cunte*, 'acontece'.
511 d *padir*, 'padecer'; es decir, que debía visitarlas y como fórmula de cortesía, añadían que se tomase esta molestia: "de-más ell omne deve comedir, que qual aqui fiçiere tal avrá de padir", *Apolonio*, 413.

O que avien contienda, o fizieron follia:
Vino fer su officio, visitar la mongia,
Ovo a entender toda la pletesia.

513 Deiemos al obispo folgar en su posada,
Finque en paz e duerma elli con su mesnada:
Digamos nos que fizo la duenna enbargada,
Ca savia que otro dia seria porfazada.

514 Cerca de la su cámara do solia albergar,
Tenia un apartado, un apuesto logar:
Era su oratorio, en que solia orar,
De la Gloriosa era vocacion el altar.

515 Y tenia la imagen de la Sancta Regina,
La que fue para el mundo salut e medicina:
Teniala afeytada de codrada cortina,
Ca por todos en cabo essa fue su madrina.

516 Savia que otro dia seria mal porfazada,
Non avia alguna escusa a la cosa provada,
Tomó un buen conseio la bienaventurada;
Esto fué maravilla cómo fué acordada.

517 Devatióse en tierra delante el altar,
Cató a la imagen, empeçó de llorar:

---

512 d *pletesia,* 'pleito, contienda'.
513 d *porfazada,* 'acusada, difamada'; véase 179 *o.*
515 c *afeytada,* 'adornada'.— *codrada,* 'colorada', sigue el mismo proceso fonético de "medrar"; véase A. CASTRO, *Rev. Fil. Esp.,* III, 403. Compárese el francés antiguo "condrer".

"Valme, —dixo— Gloriosa, estrella de la mar:
Ca non e nul conseio que me pueda prestar.

518   Madre, bien lo leemos, dizelo la Escriptura,
Que eres de tal gratia e de tan grant mesura
Que qui de voluntat te dice su rencura,
Tu luego li acorres en toda su ardura."

519   Entró al oratorio ella sola, sennera,
Non demandó consigo ninguna compannera,
Paróse desarrada luego de la primera;
Mas Dios e su ventura abrieronli carrera.

520   "Tu acorriste, Sennora, a Theophilo que era deses-
Que de su sangre fizo carta con el peccado; [perado,
Por el tu buen conseio fue reconciliado,
Onde todos los omnes te lo tienen a grado.

521   Tu acorriste, Sennora, a la Egiptiana,
Que fué peccador mucho, ca fué muger liviana:
Sennora benedicta, de qui todo bien mana,
Dame algun conseio ante de la mannana.

522   Sennora benedicta, non te pódi servir;
Pero amé te siempre laudar e bendezir:
Sennora, verdat digo e non cuydo mentir,
Querria seer muerta sy podiesse morir.

---

518 d *ardura*, 'aflicción'.
520 Alude a lo que cuenta después en el Milagro XXIV.
521 a *Egiptiana*, 'Santa María Egipciaca', como en 767 *b* y
783 *c*.

523   Madre del Rey de gloria de los cielos Reigna,
Mane de la tu gracia alguna medicina,
Libra de mal porfazo una muger mezquina:
Esto si tu quisieres, puede seer ayna!

524   Madre, por el amor del Fijo querido,
Fijo tan sin enbargo, tan dulze e tan cumplido,
Non finque repoiada, esta mercet te pido,
Ca veo que me segudan sobre grant apellido.

525   Si non prendes, Sennora, de mi algun conseio,
Veo mal aguisada de salir a conseio:
Aqui quiero morir, en esti logareio,
Ca sy allá salliero, ferme an mal trebeio.

526   Reygna coronada, templo de castidat,
Fuente de misericordia, torre de salvedat,
Fes en aquesta cuyta alguna piadat,
En mi non se agote la tu grant piadat.

527   Quiero contra tu Fijo dar a ti por fianza,
Que nunca más no torne en aquesta erranza:
Madre, si fallesziero, fes en mi tal venganza,
Que todo el mundo fable de la mi malandanza."

---

524 c *repoiada*, 'repudiada'.— d *apellido*, 'reunión de gen-
tes llamadas a guerra'; "cerca desto mandamos quanto que el
mançebo en hueste, o en fossado o en appellido ganare, todo
sea de su señor cuyo pan come." *Fuero de Plasencia*, 101.
    525 d *ferme an*, 'me han de hacer'.— *trebeio*, 'juego'.
    527 c *fallesziero*, 'faltase', dejase de cumplir lo que promete
en el verso anterior.

528   Tan afincadamente fizo su oration,
        Que la oió la Madre llena de bendicion:
        Como qui amodorrida vio grant vision,
        Tal que devia en omne façer edifficacion.

529   Traspúsose la duenna con la grant cansedad,
        Dios lo obrava todo por la su piadad,
        Apareciól la Madre del Rei de magestad,
        Dos angeles con ella de mui grand claridad.

530   Ovo pavor la duenna e fo mal espantada,
        Ca de tal vission nunqua era usada,
        De la grand claridad fo mucho enbargada,
        Pero de la su cuita fo mucho alleviada.

531   Dissoli la Gloriosa: "Aforzad, abbadesa,
        Bien estades comigo, non vos pongades quessa,
        Sepades que vos traio mui buena promessa,
        Meior que non querrie la vuestra prioressa.

532   Non aiades nul miedo de caer en porfazo,
        Bien vos a Dios guardada de caer en es lazo,
        Bien lis hid aosadas a tenerlis el plazo,
        Non lazrará por esso el vuestro espinazo."

538   Al sabor del solat de la Virgo gloriosa

---

528 c *amodorrida*, 'amodorrada, adormecida'.
530 d *alleviada*, 'aliviada'.
531 a *aforzad*, 'esforzaos, cobrad ánimos'.— b *non vos pon-*
gades quessa, 'no os quejéis'.
532 b *es*, 'ese'.— c *aosadas*. 'osadamente, sin miedo'.

Non sintiendo la madre del dolor nulla cosa,
Nació la creatura, cosiella mui fermosa,
Mandóla a los angeles prender la Gloriosa.

534   Dissolis a los angeles: "A bos ambos castigo:
Levad esti ninnuelo a fulan mi amigo,
Dezid quem lo crie, io assin gelo digo,
Ca bien vos creerá, luego seed comigo."

535   Movieronse los angeles a mui grand ligereza,
Recabdaron la cosa sin ninguna pereza,
Plogol al ermitanno más que con grand riqueza,
Ca de verdad bien era una rica nobleza.

536   Recudió la parida, fizose santiguada,
Dizie: "¡Valme Gloriosa, reina coronada,
Si es esto verdat o si so engannada,
Sennora beneita, val a esta errada!"

537   Palpóse con sus manos quando fo recordada,
Por ventre, por costados, e por cada ijada:
Trobó so vientre llacio, la cinta mui delgada,
Como muger que es de tal cosa librada.

538   No lo podïe creer por ninguna manera,
Cuidava que fo suenno, non cosa verdadera,
Plapóse e catóse la begada tercera,

---

534 a *castigo*, 'advierto'.
537 c *cinta*, 'cintura'.
538 c *plapóse*, 'se palpó'.

Fizo se de la dubda en cabo bien certera.

539   Quando se sintió livre la prennada mesquina,
Fo el saco vaçio de la mala farina,
Enpezó con grand gozo cantar Salve Regina,
Que es de los cuitados solaz e medicina.

540   Plorava de los oios de mui grand alegria,
Dicie laudes preciosas a la Virgo Maria,
Non se temie del bispo nin de su cofradria,
Ca terminada era de la fuert malatia.

541   Plorava de los oios e façie oraciones,
Diçie a la Gloriosa laudes e bendiciones,
Dizie: "Laudada seas, Madre, todas sazones,
Laudarte deben siempre mugieres e barones.

542   Era en fiera cuita e en fiera pavura,
Cay a los tos piedes, díssite mi ardura,
Acorrióme, Sennora, la tu buena mesura:
Debes laudada seer de toda creatura.

543   Madre, io sobre todos te devo bendezir,
Laudar, magnificar, adorar e servir,
Que de tan grand infamia me dennesti guarir,
Que podrie tod el mundo siempre de mi reir.

544   Si esta mi nemiga issiesse a conceio,
De todas las mugieres serie riso sobeio:

---

543 c *guarir*, 'salvar, curar'.

Quand grand es e quan bono, Madre, el to conseio,
No lo asmarie omne ni grand ni poquelleio.

545   La merced e la gracia que me dennesti fer,
No lo savria, Madre, io a ti gradecer,
Nin lo podrie, Sennora, io nunqua merecer;
Mas non cessaré nunqua gracias a ti render."

546   Bien fincarie la duenna en su contemplacion,
Laudando la Gloriosa, faziendo oracion;
Mas vinoli mandado de la congregacion
Que fuesse a cabillo facer responsion.

547   Como en el porfazo non se temie caer,
Fo luego a los piedes del obispo seer:
Quisol besar las manos, ca lo devie fer;
Mas él non gelas quiso a ella ofrecer.

548   Empezóla el bispo luego a increpar,
Que avie fecha cosa por que devie lazrar,
E non devie por nada abadessa estar,
Nin entre otras monias non devie abitar.

549   Toda monia que façe tan grand desonestat,
Que non guarda so cuerpo nin tiene castidat,
Devie seer echada de la sociedat:
Allá por do quisiere, faga tal suciedat.

---

544 d *poquelleio*, 'poquillo, pequeño': "ca yo vo entendiendo dello un poquelleio", *Apolonio*, 233 *d*. El ms. Ibarreta: "poquielleio", y así Sánchez y Janer.

550   "Sennor, —dissoli ella— ¿ por qué me maltraedes?
Non so por aventura tal como vos tenedes."
"Duenna, —disso el bispo— porque vos lo neguedes,
Non seredes creida, ca a provar seredes.

551   Duenna, —disso el bispo— essit bos al ostal,
Nos avremos conseio, depues faremos al."
"Sennor, —disso la duenna— non decides nul mal:
Io a Dios me acomiendo, al que puede e val."

552   Issió la abbadessa fuera del consistorio,
Como mandó el bispo, fo poral diversorio,
Fizieron su cabillo la ira e el odio,
Amasaron su massa de farina de ordio.

553   Dissolis el obispo. "Amigas, non podemos
Condepnar esta duenna menos que la provemos."
Dissoli el conviento: "De lo que bien savemos,
Sennor, en otra prueva nos ¿ por qué entraremos?"

554   Dissolis el obispo: "Quando fuere vencida,
Vos seredes más salvas, ella más cofondida:
Si non nuestra sentencia serie mal retraida:
No li puede en cabo prestar nulla guarida."

---

551 a   *ostal*, 'posada, casa'; véase nota siguiente.
552 b   *diversorio;* tanto "ostal" como "diversorio" significan,
dentro de un monasterio, la parte que no es la Iglesia, es decir,
las salas destinadas a la vida ordinaria. Compárese el antiguo
francés "diversoire". GODEFROY, *Dict.* "Venus dió luego salto, ixió
del diversorio", *Alexandre, P.*, 360 a.— d *ordio*, 'cebada': "darte
yo pan de ordio en non tengo de trigo." *Fernán González*, 234 c.

555 Envió de sos clerigos en qui él mas fiaba,
Que provassen la cosa de qual guisa estava:
Tollieronli la saia, maguer que li pesava,
Fallaronla tan secca que tabla semeiava.

556 Non trovaron en ella signo de prennedat,
Nin leche nin batuda de nulla malveztat:
Dissieron: "Non es esto, fuera grand vanidat,
Nunqua fo lebantada tan fiera falsedat."

557 Tornaron al obispo, dissieronli: "Sennor,
Savet que es culpada de valde la seror:
Quiquiere que al vos dïga, salva vuestra onor,
Dizvos tan grand mentira, que non podrie maior."

558 Cuidóse el obispo que eran decebidos,
Que lis avie la duenna dineros prometidos:
Dixo: "Domnos maliellos, non seredes creidos,
Ca otra quilma tiene de iuso los vestidos."

559 Disso: "Non vos lo quiero tan aina creer,
O sodes vergonçoso, o prisiestes aver:
Io quiero esta cosa por mis oios veer:
Si non, qui lo apuso lo deve padecer."

---

556 b *batuda*, 'pista, rastro'.— *malveztat*, 'maldad'.
557 b *de valde*, 'por nada': "non parando mientes commo aquel miedo... non le podía enpecer, espantose de valde et quiso foyr a los otros arboles." *Conde Lucanor*, ed. Knust, pág. 53.— *seror*, 'sor, sermana'.— c *quiquiere*, 'quienquiera'.
558 a *decebidos*, 'engañados'; véase 15 c.— c *domnos*, 'señores'.— d *quilma*, 'costal'.— *de iuso*, 'debajo de'.
559 b *aver*, 'dinero'.— d *apuso*, 'denunció'.

560   Levantóse el bispo onde estava asentado,
      Fo pora la abbadessa sannoso e irado,
      Fizoli despuiar la cogulla sin grado,
      Provó quel aponien crimen falsso provado.

561   Tornóse al conviento bravo e mui fellon:
      "Duennas, —disso— fiziestes una grand traicion,
      Pussiestes la sennora en tal mala razon
      Que es mui despreciada vuestra religion.

562   Esta cosa non puede sin iusticia passar,
      La culpa que quissiestes vos a ella echar,
      El decreto lo manda, en vos deve tornar:
      Que devedes seer echadas desti logar."

563   Vio la abbadessa las duennas mal iudgadas,
      Que avien a seer de la casa echadas,
      Sacó a part al bispo bien a quinze passadas:
      "Sennor,—disso—las duennas non son mucho cul-

564   Dissoli su façienda, porque era pasada   [padas."
      Por sos graves peccados cómo fo engannada,
      Cómo la acorrió la Virgo coronada:
      Si por ella non fuesse, fuera mal porfazada.

565   E cómo mandó ella el ninnuelo levar,
      Cómo al ermitanno gelo mandó criar;

---

   560 c *despuiar*, 'despojar': "e en la noche posó en una
casiella de un pobre e despujó las vistiduras e diolas al pobre."
Estoria del rey Anemur, Rom. Forsch., VII, 390.
   563 c *passadas*, 'pasos'.

"Sennor, si vos quisieredes podedeslo provar:
¡Por caridat, non pierdan las duennas el logar!

566   Más quiero io sennera seer enbergonzada
Que tanta buena duenna sea desamparada:
Sennor, merced vos pido, parcid esta vegada:
Por todas a mi sea la penitencia dada.

567   Espantóse el bispo, fo todo demudado,
Disso: "Duenna, si esto puede seer provado,
Veré don Jesu Cristo que es vuestro pagado:
Io mientre fuero vivo, faré vuestro mandado."

568   Envió dos calonges luego al ermitanno
Provar esto si era o verdat o enganno,
Trovaron al bon omne con ábito estranno
Teniendo el ninnuelo enbuelto en un panno.

569   Mostrólis el infant rezien nado del dia,
Disso que lo mandara criar Sancta Maria:
Quien esto dubdase, faria bavequia,
Ca era verdat pura, ca non vallitania.

570   Tornaron al obispo luego con el mandado,
Dissieronli por nuevas lo que avien provado:
"Sennor, —dissieron— desto sei certificado:

566 c *parcid*, 'perdonad': "el juez non debe parcir al mal-
fechor por nengun miedo ni por nengun amor." *Fuero Juzgo*,
ed. Academia. pág. 128.
569 a *nado*, 'nacido'.— c *bavequia*, 'necedad, lo hecho por
un babieca'.— d *vallitania*, 'valentía, osadía'; véase otro caso
en 747 *b*.

Si non, farás grand ierro, ganarás grand peccado."

571   Tóvose el obispo enna duenna por errado,
Cadióli a los piedes en el suelo postrado,
"Duenna, —disso— mercet, ca mucho so errado:
Ruegovos que me sea el ierro perdonado."

572   "Sennor, —disso la duenna— por Dios e la Glo-
Catat vuestra mesura, non fagades tal cosa: [riosa!
Vos sodes omne sancto, io peccadriz doliosa,
Si en al non tornades, seré de vos sannosa."

573   La duenna con el bispo avie esta entencia,
Mas finaronlo todo en buena abenencia,
Iamás ovieron ambos amor e bien querencia,
Encerraron su vida en buena paciencia.

574   Methió paz el obispo enna congregacion,
Amató la contienda, e la dissession,
Quando quiso despedirse, diolis su bendicion,
Fo bona pora todos essa vissitacion.

575   Envió sus saludes al sancto ermitanno,

---

571 a *enna duenna por errado*, 'equivocado en lo que había hecho con la dueña'.

572 c *peccadriz*, 'pecadora'; el sufijo "-driz" para femenino es anticuado y sólo se conserva hoy el culto "triz"; véase HANSSEN, *Gram.*, § 349.— *doliosa*, 'engañadora, afligida': "que fé aqui una doliosa que por el yermo va rencurosa, por los pecados que fizo grandes, que son tan suzios e tan pesantes." *Santa María Egipciaca*, ed. Foulché-Delbosc, pág. 37.

573 a *entencia*, 'contienda'.

Como a buen amigo, a cuempadre fontano,
Que criasse el ninno hastal seteno anno:
Desende él pensarie de ferlo buen cristiano.

576 Quando vino el término, los siet annos passados,
Envió de sos clerigos dos de los más onrrados
Que trasquiessen el ninno del mont a los poblados;
Recabdaronlo ellos como bien castigados.

577 Adussieron el ninno en el yermo criado,
De los dias que era, era bien ensennado:
Plogol al obispo, fo ende mui pagado:
Mandól poner a letras con maestro letrado.

578 Issió mui bon omne, en todo mesurado:
Parecie bien que fuera de bon amo criado:
Plogol al obispo, fo ende mui pagado:
Quando murió el bispo dieronli el bispado.

579 Guiólo la Gloriosa que lo dió a criar,
Savie su obispado con Dios bien governar,
Guiava bien las almas como debie guiar,
Sabie en todas cosas mesura bien catar.

580 Amabanlo los pueblos e las sus clerezias,
Amabanlo calonges e todas las mongias,

---

575 b *cuempadre fontano*, 'compadre de pila, de las aguas bautismales'.
576 c *trasquiessen*, 'trajesen'.— d *castigados*, 'prevenidos, enseñados'.
577 b *de los dias que era*, 'para la edad que tenía'.

Todos por ond estavan rogavan por sos dias,
Fuera algunos foles que amavan follias.

581   Quando vino el término que obo de finar,
No lo dessó su Ama luengamiente lazrar:
Levólo a la gloria, a seguro logar,
Do ladron nin merino nunqua puede entrar.

582   A la Virgo gloriosa todos gracias rendamos,
De qui tantos miraclos leemos e provamos:
Ella nos dé su gracia que servirla podamos,
E nos guie fer cosas por ond salvos seamos.

Amén.

---

581 d *merino*, según la *Partida* II, tít. IX, ley XXIII:
"merino es nome antiguo de España, que quiere tanto dezir
como ome que ha mayoría para fazer justicia sobre algún logar
señalado." No son muy precisas sus atribuciones, pues, aparte
de aquellas administrativas que le eran esenciales, tuvo a su
cargo funciones judiciales y aun militares. Véase P. G. MAGRO,
Rev. de Fil. Esp., I. 378. Berceo niega también que puedan los
merinos entrar en la Gloria, en *Santo Domingo*, 58 **d***;* véase
Signos, 45 **d.**

XXII. El náufrago salvado

583   Sennores, si quisiessedes mientre dura el dia,
Destos tales miraclos aun más vos dizria:
Si vos non vos quessassedes, yo non me quessaria,
Ca como pozo fondo, tal es Sancta Maria.

584   Tal es Sancta Maria, como el cabdal rio,
Que todos beven delli, bestias e el gentio:
Tan grand es cras como eri, e non es más vazio,
En todo tiempo corre, en caliente e en frio.

585   Siempre acorre ella en todos los lugares,
Por valles e por montes, por tierras e por mares:
Qui rogarla sopiesse con limpios paladares,
No lo podrien torzones prender a los yiares.

586   Leemos un miraclo de la su santidat
Que cuntió a un bispo, omne de caridat,
Que fo omne catholico de grand autoridat:
Violo por sus oios, bien sabie la verdat.

587   Assin como lo vio, assin lo escribió:

---

584 c   *cras como eri*, 'mañana como ayer'.
585 c   *paladares*, 'boca'; véase 240 *a*.— d *yiares*, 'ijares'.

Non menguó dello nada, nada non ennadió:
Dios li dé paraiso, ca bien lo mereció:
Alguna missa disso que tanto nol valió.

588   Cruzaronse romeros por ir en ultramar
Saludar al sepulcro, la vera cruz orar;
Methieronse ennas naves pora Acre passar,
Si el Padre del cielo los quisiesse guiar.

589   Ovieron vientos bonos luego de la entrada,
Oraie mui sabroso, toda la mar pagada,
Avien grand alegria la alegre mesnada:
Con tal tiempo, aina avrien la mar passada.

590   Avien buena partida de la mar travessada
Que la avrien aina al otra part passada;
Mas tóvolis su fado una mala celada:
Fo la grand alegria en tristicia tornada.

591   Moviose la tempesta, una oriella vrava,
Desarró el maestro que la nave guiava,
Nin assí nin a otri nul conseio non dava,
Toda su maestría non valie una hava.

---

589 b *oraie*, 'viento': "como rafes se suelen los vientos de-
mudar camiose el oraje, ensañose la mar." *Alexandre*, P., 2278.
Es uno de los galicismo apuntados por De Forest, *Romanic
Review*, VII, 403; compárese: "bon orage aves et bon vent",
apud Godefroy, *Dict.*— *pagada*, 'tranquila': "fizol Dios buen
tiempo, falló la mar pagada." *Alexandre*, M., 143 b.
591 a *oriella*, 'orilla, costa'.— b *desarró*, 'perdió el ánimo'.
c *assí*, 'a sí mismo'.— d *hava*, 'haba'; véase 9 d.

592   Cuntiólis otra cosa, otra grand ocasion,
      Rompióselis la nave iuso en el fondon:
      Vedien entrar grand agua, ronpie cada rencon,
      Avie a hir la cosa toda a perdicion.

593   Cerca la maior nave traien otra pocaza,
      Non sé si li dizien galea o pinaza,
      Que si fuessen cuitados de oriella malvaza,
      En esa estorciessen de la mala pelaza.

594   Fizo el marinero como leal cristiano,
      A su sennor el bispo tomólo por la mano
      Con otros bonos omnes de pleito más lozano,
      Methiólos en la barca, priso conseio sano.

595   Un de los peregrinos cuidó seer artero,

---

592 a *ocasion*, 'daño grave'.
593 a *pocaza*, 'pequeña'.— **b** *galea*, 'galera': "et por esto es grande el poder destos navíos atales porque se ayudan del viento cuando lo han, o de los rimos quando les es meester, et muchas vegadas de todo. Et a estos llaman galeas grandes, et otras hay menores a que dicen galeotas." *Partida* II, tít. XXIV, ley VII.— *pinaza*, 'embarcación pequeña de remo y vela'. *Dicc. Acad.;* "maravillosas cosas son los fechos de la mar et señaladamente aquellos que los homes hi facen, como en buscar manera de andar sobrella por maestría et por arte, asi como en las pinazas et en las galeas et en las otras maneras de barcas." *Partida* II, tít. XXV (según variante del ms. Esc. 1).— **c** *malvaza*, 'mala': "y que se respete la ordenación hecha por la ciudat y aldeas sobre rufianes, alcauetes et personas malvaces e bagabundas." Documento del Archivo Mun. de Teruel. año 1416, c. II, 20, 2.— **d** *pelaza*, 'momento de peligro': "prendió al abutarda, levola a la plaça, dixo la golondrina: ya sodes en pelaça". *Arcipreste de Hita*, 752 *d*.
594 c *de pleito más lozano*, 'de más importancia'.

Dió salto de la nave, ca era bien ligero,
Cuidó enna galea entrar por compannero,
Enfogóse en la agua, murió, mas non sennero.

596   Abés podrie seer media ora complida,
Quisolo Dios sofrir, fo la nave somida:
De la turma que era entro remanecida,
Por medicina uno non escapó a vida.

597   El bispo e los otros que con elli issieron,
Issieron a terreno do más cerca podieron:
Fizieron mui grand duelo por los que perecieron,
Pesavanlis porque con ellos non murieron.

598   Abiendo de los muertos duelo grand e pesar,
Estendieron los oios, catavan a la mar
Si verien de los muertos algunos arribar,
Ca el mar nunqua quiere cosa muerta celar.

599   Catando si algunos muertos podrien veer,
Por darlis cimiterio, so tierra los meter,
Vidieron palonbiellas de so la mar nacer,
Quantos fueron los muertos tantas podrien seer.

600   Vidieron palonbiellas essir de so la mar,

---

596 c *turma,* 'cuadrilla, gente': "e tu iudio, de palavra per-
fidia et endurida... guarda tu figura de tierra iudeorum... et
las turmas de tu rey Amayon." *Fuero de Navarra,* 35. Véase
también 889 *a.*— c *que era entro remanecida,* 'que había per-
manecido dentro'.
598 b *estendieron los oios,* 'miraron a lo lejos'.
599 d *tantas;* el ms. Ibarreta: "tantos".

Más blancas que las nieves contral cielo volar:
Credien que eran almas que querie Dios levar
Al sancto paraiso, un glorioso logar.

601   De derecha envidia se querien desquitar,
Porque fincaron vivos, avien un grand pesar,
Ca credien bien afirmes, non era de dubdar
Que almas eran dessos los que sumió la mar.

602   Diçien: "¡Ai romeos! vos fuestes venturados,
Que ia sodes per ignem e per aquam passados:
Nos fincamos en yermo como desamparados,
Nos velamos, ca vos dormides segurados.

603   Grado al Padre Sancto e a Sancta Maria,
Ia vestides la palma de vuestra romeria:
Nos somos en tristicia e vos en alegria:
Nos cuidamos fer seso, e fiziemos follia."

604   Aviendo grand quebranto del danno que lis vino,
Querien prender carrera, entrar en su camino:
Vidieron de la mar essir el un peregrino,
Semeiava que era romeruelo mesquino.

605   Quando vino a ellos, que fué en la ribera,
Conocieronlo todos que el que salió era;
Santiguaronse todos; como por qual manera
Fincó en el mar vivo una ora sennera.

606   Disso el peregrino: "Oidme, si vivades,

---

603 b *ia vestides la palma*, 'ya lleváis la palma'.

Io vos faré certeros en esso que dubdades:
Como escapé vivo quiero que lo sepades,
Dizredes Deo gracias luego que lo udades.

607   Quando de la gran nave quisse fuera salir,
Ca parecie por oio que se querie somir,
Vedia que de muerte non podía guarir:
¡Valme Sancta Maria! empecé a deçir.

608   Dissi esta palabra: ¡Valme Sancta Maria!
Non podi más dizir, ca vagar non avia;
Fue luego ella presta por su placenteria:
Si non fuesse por ella enfogado seria.

609   Luego fo ella presta, adusso un buen panno,
Panno era de precio, nunqua vid su calanno:
Echómelo de suso, disso: "Non prendrás danno:
Cuenta que te dormiste e que ioguist en vanno."

610   Nunca tan rica obra vió omne carnal,
Obra era angelica, ca non material,
Tan folgado iacia como so un tendal,
O como qui se duerme en un verde pradal.

611   Feliz será la alma e bien aventurada
Que so tan rica sombra fuere asolazada:
Nin frio nin calura, nin viento nin elada

---

606 d *udades*, 'oyáis'.
609 b *vid*, aféresis de "vide", 'vi'.— *calanno*, 'semejante, igual'.

Non li fará enoio que sea embargada.

612   So esti panno folgan alegres e pagadas
Las virgines gloriosas de don Cristo amadas,
Que cantan a su Madre laudes multiplicadas,
E tienen las coronas preciosas e onrradas.

613   La sombra daquel panno trae tal tempradura,
Omne con el ardor trova so él fridura:
Trova el fridoliento temprada calentura:
¡Dios, que rico conseio en ora de ardura!

614   Tantas son sus merçedes, tantas sus caridades,
Tantas las sus virtudes, tantas las sus vondades,
Que non las contarien obispos nin abades,
Nin las podrien asmar reis nin podestades.

615   El pesar que ovieron de los que periglaron
Con sabor del miraclo todo lo oblidaron:
Rendieron a Dios gracias, el Te Deum cantaron,
Desend Salve Regina dulzement la finaron.

616   Cumplieron los romeos desend su romeria,
Plegaron al sepulcro con mui grand alegria,
Adoraron la cruz del fijo de Maria:
Nunqua en est sieglo vidieron tan buen dia!

---

613 d *Dios*, exclamación frecuente en los textos medievales. MENÉNDEZ PIDAL, *Cantar*, pág. 629, señala muchos ejemplos.
614 d *podestades;* véase 236 *d*.
616 b *plegaron*, 'llegaron'; como en 194 *b* y 324.

617   Contaron el miraclo de la Madre gloriosa,
       Cómo livró al omne de la mar periglosa:
       Dizien todos que fuera una estranna cosa:
       Fizieron end escripto, leienda mui sabrosa.

618   Quantos que la udieron esta sancta razon,
       Todos a la Gloriosa dizien su bendicion:
       Avien pora servirla meior devocion,
       Ca esperavan della mercet e gualardon.

619   La fama desti fecho voló sobre los mares,
       No la retovo viento, pobló muchos solares,
       Methieronla en libros por diversos lugares,
       Ond es oi bendicha de muchos paladares.

620   Quantos que la vendizen a la Madre gloriosa
       Par el Rei de Gloria facen derecha cosa,
       Ca por ella issiemos de la carcel penosa
       En que todos iaziemos, foya mui periglosa.

621   Los que por Eva fuemos en perdicion caidos,
       Por ella recombramos los solares perdidos:
       Si por ella non fuesse iazriamos amortidos;
       Mas el so sancto fructo nos ovo redemidos.

622   Por el so sancto fructo que ella concibió,
       Que por salud del mundo passion e muert sufrió,

---

620 d *foya*, 'hoya'.
621 b *recombramos*, 'recobramos'.— c *amortidos*, 'desmaya-
dos, como muertos'.

Issiemos de la foya que Adan nos abrió,
Quando sobre deviedo del mal muesso mordió.

623 Desend siempre contiende de valer a cuitados,
Governar los mesquinos, revocar los errados,
Por tierras e por mares fer miraclos granados
Tales e mui maiores de los que son contados.

624 Ella que es de gracia plena e avondada,
Guie nuestra fazienda, nuestra vida lazrada,
Guardenos en est mundo de mala sorrostrada,
Ganemos en el otro con los sanctos posada.

Amén.

---

622 d *deviedo,* 'prohibición': "por que sobre deviedo la man-
çana comieron." *Alexandre, P.,* 1220.— *muesso,* 'bocado'.
623 b *revocar los errados,* 'llamar a su seno a los peca-
dores'.
624 c *sorrostrada,* 'acometida': "entraronla por forçia con
mucha sorrostrada." *Alexandre, M.,* 783 d.

XXIII. La deuda pagada

⁶²⁵ Amigos, si quissiessedes un poco atender,
Un precioso miraclo vos querria leer:
Quando fuere leido, avredes grand placer,
Preciarlo edes más que mediano comer.

⁶²⁶ Enna cibdat que es de Costantin nomnada,
Ca Costantin la obo otro tiempo poblada,
El que dió a Sant Peidro Roma pora posada,
Avie y un bon omne de fazienda granada.

⁶²⁷ Era esti burgés de mui grand corazon,
Por sobir en grand precio fazie grand mission,
Espendie sos averes, davalos en baldon,
Quiquier que li pidiesse, él non dizrie de non.

---

625 d *preciarlo edes,* 'lo apreciaréis'.
626 a *Costantin,* 'Constantinopla'.
627 a *burgés,* 'vecino de una ciudad'.— b *sobir en grand precio,* 'subir, crecer en fama, en aprecio': "estonçes castellanos en grand precio sobyeron." *Fernán González,* 372 d; "de guisa que pueden seer clerigos los que legitimare, et sobir a haber dignidades." *Partida* IV, tít. XV, ley IV.— c *espendie,* 'despendía, gastaba'.

628   Por exaltar su fama, el su precio crecer,
Derramava sin duelo quanto podie aver:
Sil menguava lo suio, aun por más valer
Prendie de su veçinos mudado volunter.

629   Derramava lo suio largament e sin tiento,
Menguava los averes, mas non el buen taliento,
Siempre trovarie omne en su casa conviento,
Quando xx. quando xxx. a las vegadas ciento.

630   Como fazie grand gasto, espensa sin mesura,
Falleció la pecunia, paróse en ardura,
Non trovava mudado, nin fallava usura,
Ni entre los estrannos, ni entre su natura.

631   Entendien gelo todos que era empobrido,
Non trovava mudado nin aver encreido:
Era en grand porfazo el bon omne caido,
Tenie que lo passado todo era perdido.

632   El varon con grand quessa fo ante los altares,
Facie su oracion entre los paladares:
"Sennor, que un Dios eres, e tres personas pares,
Sea tu piadat e non me desempares.

---

628 d *mudado*, 'prestado': "nos. no lo perdremos, ca die-
moslos mudados." *San Lorenzo*, 68 *d;* véase 631 *b*.
    631 b *encreido*, 'prestado, fiado'; véase 672 *c;* compárese:
"et algunos daquellos en que la reina donna Berenguela se
encreíe et fiava consistieron en este fecho." *Prim. Crón. Gral.*,
709, y "acreer", 640 *c*.
    632 a *quessa*, 'queja'.— c *pares*, 'iguales'.

633   Sennor, hasta agora tu me as cabtenido:
       So ia por mis peccados en falliment caido,
       El precio que avia todo lo e perdido,
       Mucho más me valiera que non fuesse nacido.

634   Sennor, dame conseio por alguna manera,
       Enbiame tu gracia por alguna carrera,
       Es pora ti tal fecho cosa assaz ligera,
       Nadé todo el mar, morré enna ribera."

635   Demientre que orava quisoli Dios prestar,
       Ovo un buen conseio el burgés a asmar:
       Non vino por su seso, más quísolo guiar
       El que el mundo todo ave de governar.

636   Un iudio bien rico avie enna cibdat:
       Non avie del más rico en essa vezindat:
       Asmó de ir a elli entre su voluntat,
       Demandarli conseio por Dios e caridat.

637   Fo luego al iudio, e fo bien recibido,
       Demandól como andava, por qué era venido,
       Ca de otras sazones lo avie conocido,
       E todo el su pleito bien lo avie oido.

638   Dissoli su fazienda el burgés al ebreo:
       "Don fulan, bien savedes mi pleito, como creo,
       Ganar de vos empresto avria grand deseo,

---

633 a   *cabtenido*, 'sostenido'.
638 c   *empresto*, 'préstamo'.

Ca non cuidé veerme en esto que me veo.

639   Quando Dios lo querie que io algo avia,
Savenlo mis vezinos, io a todos valia:
Las puertas de mi casa aviertas las tenia,
Quanto que Dios me dava con todos lo partia.

640   Querria si podiesse en esso contender;
Mas so mui decaido, menguado del aver:
Mas si tu me quissiesses del tuio acreer,
Bien te lo cuidaba a un plazo render."

641   Dissoli el iudio: "Ferlo e de buen grado:
Darté quanto quisieres de mi aver prestado:
Mas dame fiador que sea segurado:
Si non, pavor avria de seer engannado."

642   Dissoli el cristiano, fabloli a sabor:
"Don fulan, non te puedo dar otro fiador,
Mas darete a Cristo mi Dios e mi sennor,
Fijo de la Gloriosa, del mundo Salvador."

643   Dissoli el iudio: "Io creer non podria
Que essi que tu dizes que nació de Maria,
Que Dios es; mas fo omne cuerdo e sin follia,
Profeta verdadero: io al non creeria.

644   Si él te enfiare, io por el su amor

---

640 c   *acreer*, 'prestar'.— d *render*, 'devolver'.

Acreerté lo mio sin otro fiador;

Mas semeiame cosa esquiva, sin color,

E semeiasme hascas omne escarnidor.

645   Io non sé de qual guisa lo podiesse aver,

Ca non es en est mundo, secund el mi creer,

Non esperes que venga pora ti acorrer:

Onde otro conseio te conviene prender."

646   Respondió el cristiano, dissoli al iudío:

"Entiendo que me tienes por loco e sendío,

Que non traio conseio, e ando en radío:

Mas al verás tras esto, secundo que io fío."

647   Dissoli el iudio: "Si tal cosa mostrares,

Io te daré en presto quanto tu demandares;

Mas por otras pastrijas lo que de mi levares

Non pagarás con ello caçurros nin ioglares."

648   Dissoli el burgés al trufan renegado:

---

644 b *acreerté,* "acreer te he", 'te prestaré'.— **d** *hascas,*
"fascas", 'casi'.

646 b *sendio,* 'saudio, tonto'.— **c** *radío,* 'errado, perdido';
véase 230 c.

647 c *pastrijas,* según Sánchez, 'bagatelas, cosas de poca
monta'.— *caçurros,* 'clase de juglar'. Véase el largo estudio de
MENÉNDEZ PIDAL, *Poesía juglaresca y juglares,* que dedica Par-
te 2.ª, época 5.ª a los cazurros. "Non quieras ser caçurro nin
seas escarnidor, nin seas de ti mismo e de tus fechos loador."
Arcipreste de Hita, 557 *c;* véanse el mismo autor, 895 *a,* 1514 *d,*
y MICHAÉLIS DE VASCONCELLOS, *Zeitschrift f. Rom. Phil.,* XX,
176.

648 a   *trufán,* 'truhán'.

"Solo que tu comigo vengas al mi sagrado
Mostrarté a Maria con el su buen Criado."
Dissoli el iudio: "Facerlo e de grado."

649   Levólo a la eglesia con Dios e con su guia,
Mostróli la imagen, la de Sancta Maria,
Con su fijo en brazos, la su dulz compannia,
Fueron enbergonzados los de la iuderia.

650   Disso el omne bono a los de la aliama:
"Esti es nuestro Sire, e esta nuestra Dama:
Siempre es bien apreso qui a ellos se clama,
Qui en ellos non cree bevrá fuego e flama."

651   Dissoli al iudio que era maioral,
Al que li promethió quel prestarie cabdal:
"Estos son mis Sennores, e io su servicial,
Estos sean fianzas, ca non puedo fer al."

652   Dissoli el iudio: "Io bien los tomaré,
Io otros fiadores non te demandaré;
Mas si tu me fallieres, a ellos reptaré,
E qual lealtad traes, sabiente la faré."

653   Dioli los fiadores, al trufán el cristiano,
A Madre e a Fijo metió ielos por mano,

---

650 a *aliama*, 'aljama, sinagoga', es decir: 'judíos'.— **b** *Sire*, 'Señor'.— **c** *apreso*, 'provisto'.
651 a *maioral*, 'principal'.— **b** *cabdal*, 'caudal'.
652 c *fallieres*, 'faltares a lo prometido'.— **c** *reptaré*, 'demandaré'.

Pusieron de su paga su término certano,
Recivió la pecunia el burgés cibdadano.

654   Quando el aver ovo el burgés recibido,
Ovo grand alegria, tóvose por guarido,
Tornó a la Gloriosa, fo y de buen sentido,
Fo render a Dios gracias de corazon complido.

655   Abassó los enoios ante la magestat,
Erzió a Dios los oios con grand humilidat:
"Sennor, —disso— fecist me mercet e caridat,
Asme oi sacado de mui grand pobredat.

656   Sennor, andava eri pobre e adebdado:
So oi por tu gracia rico e abondado,
A ti di por fianza, mas fizilo sin grado:
Por mi serie grand tuerto que tu fuesses reptado.

657   Sennor, io non querria de mi vierbo fallir,
Lo que ante ti pusi bien lo querré complir;
Pero si non podiero io al plazo venir,
El aver ante ti lo querré aduçir.

658   Sennor, si por ventura fuero io alongado
Que non pueda venir a término taiado,
Porrélo ante ti que me as enfiado,

---

655 b   *erzió*, 'levantó'.
656 d   *reptado*, 'demandado'.
658 a   *fuero*, 'fuere'.— *taiado*, 'prefijado': "desi dioles tre-
guas fasta tiempo taiado, et desi tornosse pora su tierra de
León." *Prim. Crón. Gral.*, 385.

E tú como que quiere feslo a él pagado.

659   Reina de los cielos, Madre del pan de trigo,
Por que fo confondido el mortal enemigo,
Tu eres mi fianza, esso misme te digo,
Lo que e regunzado al que tienes contigo."

660   Quando el burgés ovo fecha su oracion,
E con el trufán ovo puesta su condicion,
Aguissó su facienda e toda su mission,
Fo a tierras estrannas, a luenga region.

661   Fo a tierras estrannas, a Flandes e a Francia
Con grandes mercaduras, e fizo grand ganancia:
Con Dios e la Gloriosa creció la su substancia,
Puió en grand riqueza e en gran alavancia.

662   Con las grandes façiendas que era façendado,
E era de la tierra ferament alongado,
Non recudió al termino que ovo asentado,
Por sus peccados graves avielo oblidado.

663   Cerca vinie el dia que avie a pagar;
Más de un dia solo non avie a passar:
Ovose el burgés del pleit a remembrar,
Queriesse el bon omne con sus manos matar.

664   Dizie: "Mal so fallido, mesquino pecador,
Por nada no li puedo valer al fiador:

---

660 c *aguiso*, 'dispuso'.
662 c *recudió*. 'respondió, acudió'.

Será por mi reptado el mi redimidor,
E la su madre sancta, la de Rocamador.

665 Sennor, tú lo entiendes e sabes la verdat
Como son tan pesant entre mi voluntat:
Señor, dame conseio por la tu piadat
Que non sea reptada la tu grand magestad."

666 Priso el aver todo en un sacco atado,
Non fallie de la suma un puies foradado:
Levólo a la isla en sus cuestas troxado,
Echólo en las ondas do non avie nul nado.

667 Tornó en Jesu Cristo con gran devocion,
Plorando gravemientre fizo su oracion:
"Sennor, —disso— tu saves toda esta razon,
Ca tu eres fiança de nuestra condicion.

668 Sennor, quando non puedo, io pagar al mar quiero,
Ca nos iaçe en medio mucho vravo sendero:
Sennor que eres dicho Salvador verdadero,
Tu pon esta pecunia cras en el su cellero.

669 Sennora gloriosa, mienna Sancta Maria,
Tu bien en medio iazes en esta pleitesia:
Quando bien la catares, tuia es más que mia:

---

666 b *puies*, 'moneda de escaso valor'.— **c** *cuestas*, 'costillas, espaldas'.— *troxado*, 'guardado', es decir: 'metido en trojas o talegas'; véase 213 *c*.
668 d *cellero*, 'cillero, despensa'.
669 a *mienna*, 'mi dueña, mi señora'; véase CORNU, *Romania*, IX, 134.

A ti do la pecunia, Sennora, tú la guia.

670   Ambos, tú e tu Fijo, fuestes en el mercado,
Ambos sodes fianzas al trufán renegado,
Sea la mercet vuestra, e sea cras pagado,
Por mal siervo non sea el buen Sennor reptado.

671   Io a vos lo comiendo, cuento que e pagado:
Io por quito me tengo, ca a vos lo e dado:
Io, Madre, a ti ruego; tu ruega el Criado,
Como quiere cras sea el trufán entergado."

672   Plogo a la Gloriosa, al su Fijo querido:
Otro dia mannana, el sol bien esclarido,
El bassel que levaba el aver encreido,
Nadava a la puerta del trufán descreido.

673   La villa do fazie el iudio morada,
El que al burgés ovo la pecunia prestada,
Iazia, como leemos, cerca la mar poblada,
Las ondas ennos muros bathien a la vegada.

674   En essa matinada, cerca de prima era,
Los omnes del iudio, compannuela baldera,
Issieron deportarse fuera a la ribera,
Vidieron est estui nadar sobre la glera.

---

671 d   *entergado*, 'reintegrado'.
672 c   *encreido*, 'prestado'.
674 a   *prima*, 'hora prima', es decir, de la salida del sol a
media mañana.— b *compannuela baldera*, 'compañía baldía'.—
d *estui*, 'estuche, caja'; comp. francés antiguo: "estui", GODE-

675 Fueron pora prenderlo mancebiellos livianos,
Estos muchas de vezes fazien ensayos vanos,
Encogióse a entro, fúselis de las manos,
Esto vidienlo muchos iudios e cristianos.

676 Vinieron al roido cristianos sabidores
Con grafios, con gizquios, galeas valedores,
Todo non valió nada, ca eran trufadores:
Nunqua omnes vertieron más valderos sudores.

677 Vino por aventura el sennor verdadero:
Vinoli a las manos adiesso el tablero:
Levólo a so cassa, entró en so cellero,
De oro e de plata fizo un grand rimero.

678 Quando el trufán ovo el aver recabdado,
El vaso en que vino fo bien escodrinnado:
Echólo so su lecho riccament e alleviado:
Avien todos envidia del trufán renegado.

679 El trufán alevoso, natura cobdiciosa,

FROY, *Dict.;* Berceo le da otros nombres en 677 *b*, 681 *d*, 694 *c*,
695 *o.— glera,* 'arena, playa'.
   676 b *grafios,* 'garfios'.— *guizquios,* 'guizque', definido por
el *Dicc. Acad.:* "palo con un gancho en una extremidad, para
alcanzar algo que está en alto." Sánchez y Janer leyeron "guiz-
gios"; pero el ms. Ibarreta pone claramente "guizquios".— *ga-
leas,* 'galeras'; véase 593 *a.— valedores,* es adjetivo que se apli-
ca no sólo a las "galeas", como discute Sánchez en una nota,
sino a todos los medios que empleaban los judíos en cuestión, es
decir, todo lo que les podía valer, ayudar.— c *trufadores,* 'men-
tirosos'.— d *valderos,* 'baldíos, inútiles'.
   677 b *adiesso,* 'en seguida'.
   678 b *alleviado,* 'aliviado'.

Non methie el astroso mientes en otra cosa:
Tenie que su ventura era maravillosa,
Pusoli al burgés nomne: boca mintrosa.

680 Reptavalo la aliama, essa mala natura,
Que perdió su aver por su mala locura:
Nunqua omne non fizo tan loca fiadura
Que príso por fianza una imagen dura.

681 Dessemos al iudio goloso e logrero
No lo saque Dios ende, e guarde so cellero;
Fablemos su vegada del pleit del mercadero,
Levémosli las nuevas do ribó el tablero.

682 El burgés de Bizancio vinie con grand pesar,
Que non podio al plazo al iudio pagar:
Non podia el bon omne la cara alegrar,
Ni lo podian por nada sos omnes confortar.

683 Andido un grand tiempo, ganó muchos dineros.
Comprando e vendiendo a lei de mercaderos:
Quando su ora vió dessó essos senderos,
Tornó a su provincia con otros companneros.

684 Fo por Constantinopla semnado el roido
El burgés don Valerio como era venido:
Plógoli al iudio, tóvose por guarido,
E vido que doblarie el aver acreido.

685 Fue luego a la casa, ca sabie domorava,
Pusolo en porfazo porque lo non pagava.

Dissoli el bon omne que locura buscaba,
Ca nada nol devie de lo que demandava.

686 Dissoli e iudio: "Io con derecho anďo,
Ca buenos testes tengo de lo que te demando:
Si dices que paguesti, demuestra do o quando,
Ca en cabo bien creo que non iré cantando.

687 Fié en el tu Cristo un grand galeador
Con so Madreziella, que fo poco meior:
Levaré tal derecho, prisi qual fiador,
Qui más en vos crediere, tal prenda o peor."

688 Dissoli el cristiano: "Dices palabra loca,
Buena Madre, buen Fijo, aslis verguenza poca;
Nunqua en esti sieglo tal mugier cubrió toca,
Ni nació nunqua ninno de tan donosa boca.

689 El aver que me diste bien seo segurado,
Buenos testigos tengo, bien te lo e pagado;
Aun si de non dices, ferté mayor mercado:
Diganlo las fianzas que obiste tomado."

690 Fo el trufán alegre, tóvose por guarido,
Disso: "Iudizio prendo; ¿non serás desmentido?"
Cuidó que la imagen que non avie sentido,

---

686 b *testes*, 'testigos'.
687 a *galeador*, 'mentiroso': "Sennor, dixeron ellos, aquel galeador, que nos rebolbia a todos como grant trufador." *Duelo,* 167 *a.*
689 a *seo,* "soy".

Non fablarie palabra porque fuesse vencido.

691 Fueron a la eglesia estos ambos guerreros
Facer esta pesquissa, qual avie los dineros;
Fueron tras ellos muchos, e muchos delanteros
Ver si avrien seso de fablar los maderos.

692 Pararonse delante al Ninno coronado,
El que tenie la Madre dulzement abrazado,
Dissoli el burgés: "Sennor tan acabado,
Departi esti pleito, ca so io mal reptado.

693 De como yo lo fizi tu eres sabidor,
Si lo ovo o non, tu lo sabes, Sennor:
Sennor fas tan de graçia sobre mi, peccador,
Que digas si lo ovo, ca tus fust fiador."

694 Fabló el Crucifixo, dixoli buen mandado:
"Miente, ca paga priso en el dia taiado:
El cesto en que vino el aver bien contado,
So el so lecho misme lo tiene condesado."

695 Movióse el pueblo todo como estava llecho,

---

693 c *tan;* el ms. Ibarreta: "tanta".
694 d *condesado,* 'oculto'.
695 a *llecho.* Es éste un pasaje confuso. Debe ser una mala lectura de otra palabra terminada en "-echo", aunque Berceo repite palabras cuando no encuentra consonantes. Podría leerse: "como estaba al lecho", al igual que este otro caso de "estar" construído con "a": "e los que estauan al forno", *Exemplos por a b c, Romania,* VII, pág. 488. Pero no puede referirse al judío, pues éste acompaña al burgués en su visita a la imagen, ni al pueblo, que también les acompaña, y

Fueronli a la casa, fizieron grand derecho,
Trovaron el escrinno do iazie, so el llecho,
Fincó el trufán malo, confuso e maltrecho.

696 Sil pessó o sil plógo, triste e desmedrido
Ovo del pleito todo venir de connocido:
Elli con sus compannas fo luego convertido:
Murió enna fe buena, de la mala tollido.

697 Siempre en essi dia que cuntió esta cosa,
Que fabló la imagen, la su vertud preciosa,
Fazien muy grand festa con quirios e con prosa,
Con grandes alegrias a Dios e a la Gloriosa.

698 Los pueblos de la villa, pauperes e potentes,
Fazien grand alegria todos con instrumentes,
Adobavan convivios, daban a non aventes
Sus carnes, sos pescados salpresos e recentes.

699 Andaban las redomas con el vino piment,
Conduchos adobados maravillosament,

sería raro que se refiriese al escriño del que habla inmediata-
mente.— c *escrinno*, 'escriño' es la palabra que corresponde a
la empleada por el ms. Copenhague: "scrinium".
696 a *desmedrido*, 'amedrentado'.
697 c *prosa*, 'himno'; véase 302 c.
698 a *pueblos*, 'gentes': "quando entró en Tiro fallo hi gran-
des llantos, los pueblos doloridos, afiblados los mantos." *Apolo-
nio*, 42.— c *convivios*, 'banquetes'.— d *salpresos*, 'en conserva,
con sal', como opuesto a *recentes*, 'frescos': "de parte de Va-
lençia venjen las anguillas salpresas e trechadas a grandes ma-
nadillas." *Arcipreste de Hita*, 1105.
699 a *piment*, 'picante, fuerte'.— b *conduchos*, 'comidas,
manjares'.

Qui prender lo quissiesse non avrie falliment,
Non traien en su pleito ningun escarniment.

700   Un rico arcidiano, bien de tierras estrannas,
Caeció esta festa entre essas compannas:
Vio grandes quirolas, processiones tamannas
Que nin udió nin vio otras desta calannas.

701   Preguntó esta festa cómo fo lebantada,
Ca era grand fazienda noblement celebrada:
Dissoli un cristiano la raiz profundada,
E sopiesse que esta era verdat provada.

702   Plógol al arciagno, tóvolo por grand cosa,
Disso: "Laudetur Deus e la Virgo gloriosa:
Metiólo en escripto la su mano cabosa.
Deli Dios paraiso e folganza sabrosa."

                                        Amén.

---

700 b *caeció,* 'se encontró, concurrió'.— c *quirolas,* según
Sánchez y Lanchetas, 'diversiones, fiestas'.

703   Del pleito de Teofilo vos querria fablar,
Tan precioso miraclo non es de oblidar,
Ca en esso podremos entender e asmar,
Que vale la Gloriosa qui la sabe rogar.

704   Non querré, si podiero, la razon alongar
Ca vos avriedes tedio, io podrie peccar,
De la oracion breve se suele Dios pagar,
A nos essa nos desse el Criador usar.

705   Era un omne bono de granada fazienda,
Avie nomne Teofilo como diz la leienda,
Omne era pacifico, non amava contienda,
Bien sabie a sus carnes tenerlas so su rienda.

706   En el logar do era contenie grand bailia,
De su sennor el bispo tenie la vicaria,
De los de la eglesia avie la meioria,

---

703 d *qui*, 'a quien'.
705 a *granada*, 'grande, importante'.
706 a *bailia*, 'territorio sometido a su autoridad'.

Fuera que el obispo avie la nomnadia.

707 Era en si misme de buena contenencia,
Sabie aver con todos paz e grand abenencia.
Omne era temprado, de buena conocencia,
Era mui bien condido de sen e de ciencia.

708 Vistie a los desnudos, apacie los famnientos,
Acogie los romeos que vinien fridolientos,
Daba a los errados buenos castigamientos
Que se penetenciassen de todos fallimentos.

709 Non avie el obispo enbargo nin lazerio,
Fuera cantar su misa e rezar so salterio:
Elli lo escusava de todo ministerio:
Contar las sus bondades serie grand reguncerio.

710 Amavalo el bispo mucho de grand manera
Porque lo escusava de toda facendera:
Los pueblos e las gentes avienlo por lumnera,
Que él era de todos cabdiello e carrera.

711 Quando vino el termino que ovo de finar,
Non podio el bispo el punto traspassar:
Enfermó e murió, fo con Dios a folgar:

---

707 d *condido*, 'dotado, sazonado': "nin conbredes con-
ducho que non sea condido." *Santo Domingo*, 459 d.— *sen*
'sentido'.

708 a *apacie*, 'alimentaba'.— *famnientos*, 'hambrientos'.—
c *castigamientos*, 'consejos'.

709 d *reguncerio*, 'relato, exposición', como en 110 c.

Deli Dios paraiso, si se quiere rogar.

712   Los pueblos de la tierra, toda la clerezia,
Todos diçien: "Teofilo aia la bispalia:
Entendemos que iaze en él la meioria,
El conviene que aia la adelantadia."

713   Embiaron sos cartas al metropolitano,
¡Por Dios! que de Teofilo non mudasse la mano,
Ca esso tenien todos por conseio más sano,
Lo al serie yvierno, esto serie verano:

714   Embiaron por elli los del arzobispado:
Dissieronli: "Teofilo, prendi esti bispado,
Ca todo el cabillo en ti es otorgado,
E de todos los pueblos eres tú postulado."

715   Recudiólis Teofilo con grand simplicidat:
"Sennores, mudat mano, por Dios e caridat,
Ca non so yo tan digno pora tal dignidat,
En fer tal election serie grand cegued̄at."

716   Disso el arzobispo: "Quiero que vos fabledes:
Esta electecion quiero que la tomedes."
Dissoli don Teofilo: "Tanto non contendredes
Que a todo mi grado a ello me levedes."

717   Los de la canongia si lis plógo o non,
Ovieron a facer otra election:

_____

712 b *bispalía*, 'obispado'.

El bispo que pusieron enna ordinacion,
Methió otro vicario enna ministracion.

718   Corrien los pleitos todos al vicario novel,
Servienlo a Teofilo, mas plus servien a él;
Cogió zelo Teofilo, cenpelló el donzel,
Cambióse en Cain el que fuera Avel.

719   En casa del obispo non era tan privado
Como solie seer con el otro passado:
Fo en so voluntat fierament conturbado,
Avielo la envidia de su siesto sacado.

720   Teniesse por mal trecho, e por ocasionado,
De grandes e de chicos vediese desdennado,
Cegó con grand despecho e fo mal trastornado,
Asmó fiera locura, ierro grand desguisado.

721   Do morava Teofilo en essa bispalia,
Avie y un iudio en essa iuderia:
Sabía él cosa mala, toda alevosia,
Ca con la uest antigua avie su cofradria.

722   Era el trufán falsso, lleno de malos vicios,
Savie encantamientos e otros artificios,

---

718 b *mas plus*, 'pero más'.— *cenpelló*, 'trabajó enérgicamente'; compárese: *Duelo*, 200 *d*, y C. MICHAËLIS, *Romania*, II, 90.

719 d *siesto*, 'sitio', según CORNU, *Romania*, XIII, 305.

720 a *ocasionado*, 'dañado gravemente'; compárese "ocasión", 163 *b*.

721 c *uest*, 'hueste'; el ms. Ibarreta: "vest".

Fazie el malo cercos e otros artificios,
Belzebud lo guiava en todos sus oficios.

723   En dar conseios malos era mui sabidor,
Matava muchas almas el falsso traidor:
Como era bassallo de mui mal sennor,
Si él mal lo mandaba, él fazielo peor.

724   Cuidavanse los omnes que con seso quebrava,
Non entendien que todo Satanas lo guiaba;
Quando por aventura en algo acertaba,
Por poco la gent loca que no lo adorava.

725   Avielo el diablo puesto en grand logar,
Todos a él vinien conseio demandar
Lo que lis él dizia fazieielo provar,
Sabie de mala guisa los omnes engannar.

726   Tenienlo por profeta todos, chicos e grandes,
Todos corrien a elli como puercos a landes,
Los que enfermos eran levavanlos en andes,
Todos dizien: "Faremos quequiere que tú mandes."

727   Teofilo, mesquino, de Dios desamparado,
Venciólo so lucura e mueda del peccado,

---

722 c *cercos*, 'círculos de hechicería': "parad mientes a to-
dos los agoreros o sorteros o adevinos que fazen cercos o encan-
tamientos." *Conde Lucanor*, ed. Knust, pág. 206.
726 b *landes*, 'bellotas': "noviembrio secudia a los puercos
las landes." *Alexandre*, M., 2401 a.
727 b *mueda*, 'movimiento, inclinación'.

Fo demandar conseio al trufán diablado
Como podrie tornar al antiguo estado.

728   Dissoli el iudio: "Si creerme quisieres,
Rehez puedes tornar en esso que tú quieres,
Non aias nulla dubda si tú firme sovieres,
Todo es recabdado si non te repindieres."

729   Recudióli Teofilo como embellinnado:
"Por esso vin a ti, por seguir tu mandado."
Dissoli el iudio: "Sei asegurado,
Cuenta que tu pleito todo es recabdado.

730   Ve folgar a tu lecho, torna a tu posada;
Cras al suenno primero, la gente aquedada,
Furtate de tus omnes, de toda tu mesnada,
Ven tastar a la puerta e non fagas al nada."

731   Fo con esto Teofilo alegre e pagado,
Tovo todo so pleito que era bien parado,
Tornó a su posada durament engannado:
Mucho más li valiera si se fuesse quedado.

732   Luego la otra nochi, la gente aquedada,
Furtóse de sus omnes, issió de su posada,
Fo tastar a la puerta ca sabie la entrada:
El trufán sovo presto, abrióli sin soldada.

---

728 b *rehez,* 'fácilmente'.
729 a *embellinnado,* 'loco, sin juicio'; véase "embeleñado",
Dicc. Aut.
730 d *tastar,* 'tocar, llamar'.

733 Prísolo por la mano la nochi bien mediada,
Sacólo de la villa a una cruzeiada,
Dissol: "Non te sanctigues, nin temas de nada,
Ca toda tu fazienda será cras meiorada."

734 Vio a poca de ora venir mui grandes gentes
Con ciriales en manos e con cirios ardientes,
Con su rei emedio, feos, ca non luzientes:
Ia querria don Teofilo seer con sus parientes.

735 Prísolo por la mano el trufán traidor,
Levólo a la tienda do sedie el sennor,
Recibiolo el rei asaz a grand onor,
Si fizieron los prínçipes quel sedien derredor.

736 Dissoli luego el rei: "Don fulan ¿qué buscades?
Qué present me traedes quiero que lo digades:
O qué omne es esti que vos me presentades
Saberlo quiero luego, esto bien lo creades."

737 Dissoli el iudio: "Sennor, rei coronado,
Esti solie seer vicario del bispado,
Querienlo todos mucho, era omne onrrado,
Tollieronlo agora, ond es menoscavado.

738 Por esso es venido a tos pies caer,
Que li fagas cobrar lo que solie aver,
El fágate servicio a todo so poder,

735 d *si*, 'así'.

Avrás en él bassallo bueno, a mi creer."

739   Dissoli el diablo: "Non serie buen derecho
A bassallo ageno io buscar tal provecho:
Mas deniegue a Cristo que nos faz mui despecho,
Facerli e que torne en todo so bien fecho.

740   Deniegue al so Cristo e a Sancta Maria
Fagame carta firme a mi plaçenteria,
Ponga i su seiello a la postremeria,
Tornará en su grado con mui grand meioria."

741   Teofilo con gana de en grand precio sobir,
Al placer del diablo ovo a consintir:
Fizo con él su carta, e fizola guarnir
De su seiello misme que nol podie mentir.

742   Partióse dél con esto, tornó a su posada,
Cerca era de gallos quando fizo tornada:
No la entendió nadi esta so cavalgada,

---

740 b *carta firme*, 'carta valedera'; "e darvoslo he por
heredad con mi carta plomada que lo ayades estable e firme."
Documento de 1248, publicado por A. BALLESTEROS, *Sevilla en
el siglo XIII*, pág. 11.— c *seiello*, 'sello', de cera, según 848 d.
He aquí una descripción detallada de estas cartas: "si veen
su carta mensajera en nota bien fermosa, palabra verdadera,
en buena forma scripta, e con fermosa çera çerrada bien seella-
da, con día, mes e era." *Rimado de Palacio*, 606.

741 c *guarnir*, 'proveer, equipar'.

742 b *cerca era de gallos;* si tenemos en cuenta la copla
733, no puede referirse a los primeros gallos, sino a los "media-
dos", como designa el *Poema del Cid*, 1701, a los que cantan a
las tres de la madrugada. Véase MENÉNDEZ PIDAL, *Cantar*, pá-
gina 700.— c *cavalgada*, 'salida'.

Fuera Dios a qual solo non se encubre nada.

743 Pero perdió la sombra, siempre fo desombrado,
Perdió la color buena, fincó descolorado;
Pero Dios se lo quiso, non por poder del peccado,
Tornó el malastrugo en todo su estado.

744 Connocióse el bispo que avie mal errado,
Tornó el fementido en todo so estado,
Que de la vicaria lo avia demudado:
"Sennor —disso Teofilo—, sea vos perdonado."

745 Si ante fo Teofilo bien quisto e amado,
Fo depues más servido e mucho más preciado:
Dios sennero lo sabe, que es bien decorado,
Si li venie por Dios o si por el peccado.

746 Vísco algunos dias en esta bienandanza,
Aviendo con el bispo amor e grand privança,
Recibiendo del pueblo mucha buena pitança;
Mas en cabo firiólo Cristo con la su lança.

747 Estando est vicario en esta vicaria
Cogió mui grand iactancia e grand vallitania,
Concibió vana gloria e grand eufania,
Entendiengelo todos que traye loçania.

748 El Sennor que non quiere muerte de peccadores,

---

743 d *malastrugo*, 'desgraciado'.
744 c *avia;* el ms. Ibarreta: "avra".
745 a *quisto*, 'querido'; véase 264 *c*.
747 b *vallitania*, 'valentía, osadía'; véase 569 *d*.

Mas que salven las almas, emienden los errores,
Tornó en est enfermo de mortales dolores,
Que era decebido de malos traidores.

749   Los vienes que fiziera ennos tiempos trocidos
El buen Sennor non quiso que li fuessen perdidos;
Reviscló los sus sesos que iazien amortidos,
Abrió luego los oios que tenie adormidos.

750   Respiró un poquiello, tornó en so sentido,
Comidió su fazienda, viose mal tannido,
Comidió más adentro qué avie prometido;
Alli cadió Teofilo en tierra amortido.

751   Disso entre si misme: "Mesquino, mal fadado;
Del otero que sóvi, ¿quí me a derribado?
La alma e perdida, el cuerpo despreciado,
El bien que e perdido no lo veré cobrado.

752   Mesquino, peccador, non veo do ribar,
Non trovaré qui quiera por mi a Dios rogar,
Morré como qui iaze en medio de la mar,
Que non vede terrenno do pueda escapar.

753   Mesquino, ¡ay de mi! nasqui en ora dura,
Matéme con mis manos, matóme mi locura,
Avieme assentado Dios en buena mesura:

---

749 a *trocidos*, 'pasados'.— c *reviscló*, 'avivó'.
752 a *ribar*, 'arribar, acudir'.
753 a *ora dura*, 'mala hora'.

Agora e perdida toda buena ventura.

754   Mesquino, porque quiera tornar enna Gloriosa
Que diz la Escriptura que es tan piadosa,
Non me querrá oir, ca es de mi sannosa:
Porque la denegué, fiz tan esquiva cosa.

755   Non ovo maior culpa Iudas el traidor
Que por poccos dineros vendió a su Sennor:
Io pequé sobre todos, mesquino peccador,
Que por mi non será ninguno rogador.

756   So perdido con Dios e con Sancta Maria,
Perdido con los sanctos por mi alebosia,
Corté todas las cimas do los piedes tenia,
Si nacido non fuesse, mucho meior avria.

757   En dia de iudizio io falsso traidor
¿Con qual cara verré ante el nuestro Sennor?
De mi fablarán todos, mesquino peccador:
Non verrá a la iunta de mi otro peor.

758   Vídi en ora mala aquella vicaria,
Escuché a un diablo, busqué mi negro dia,
Mathóme el trufán, el de la iuderia
Que mathó otros muchos con mala maestria.

759   Io non avie mengua nin andava mendigo,
Todos me fazien onrra e plazieles comigo;

754 a *porque*, 'aunque'.
757 b *verré*, 'vendré'.

Mas fui demandar meior de pan de trigo:
Io busqué mi cuchiello, fui mi enemigo.

760   Avia que vistir, avia que calzar,
Avia pora mi, avia pora dar,
Fui pora mercado dia negro buscar,
Debriame io misme con mis manos matar.

761   Bien sé que desta fiebre non podré terminar,
Non a menge nin fisico que me pueda prestar,
Si non Sancta Maria, estrella de la mar;
Mas ¿qui será osado que la baia rogar?

762   Io mesquino fediondo que fiedo más que can,
Can que iaçe podrido, non él que come pan,
Non me querrá oir, esto sélo de plan,
Ca fui contra ella torpe e mui villan.

763   Que a los sanctos quiera meter por rogadores,
Como del mi mal pleito todos son sabidores,
Sannosos me son martires, todos los confesores,
Mucho más los apostolos que son mucho maiores.

764   Non quiero por los piedes la cabeza desar,
A la Madre gloriosa me quiero acostar,
Cadré a los sos piedes delante so altar,
Atendiendo su gracia alli quiero finar.

---

761 b *menge nin fisico*, las dos palabras designaban al
'médico'.
762 c *esto sélo de plan*, 'esto lo sé con certeza'.
764 b *acostar*, 'arrimar, poner bajo su protección'.

765   Alli terré ieiunos, faré aflictiones,
Ploraré de los oios, rezaré oraciones,
Martiriaré las carnes, cevo de vervenzones,
Ca metrá en mi mientes en algunas sazones.

766   Maguer la denegué como loco sendio,
Que fui engannado por un falso iudio,
Firmemientre lo creo, enna su mercet fio,
Que della nació Cristo que fue Salvador mio.

767   Que vaia al su tiemplo cras de buena mannana,
Venir má lo que veno a la Egiptiana
Que príso grand porfazo como mala villana
Fasta que la Gloriosa li fo entremediana.

768   Aunque me lo sufra Dios por la su piadat,
Que pueda entrar entro veer la magestad,
Verrá raio o fuego o otra tempestad,
Fará danno a muchos por la mi malveztat.

769   Aunque todo esto me quiera Dios sofrir,
Que me dexe en paz mi rencura dezir,
En qual razon empieze non puedo comedir,
Nin asmo como pueda la mi boca abrir."

770   Desenparó su casa e quanto que avia,
Non disso a ninguno lo que facer querria,
Fue pora la eglesia del logar do seya,
Plorando de los oios quanto más se podia.

---

765 a   *ieiunos*, 'ayunos'.— c *vervenzones*, 'gusanos'.

771   Echóseli a piedes a la Sancta Reina
Que es de peccadores conseio e madrina:
"Sennora, —disso— valas a la alma mesquina,
A la tu mercet vengo buscarli medicina.

772   Sennora, so perdudo, e so desemparado,
Fiz mal encartamiento, e so mal engannado,
Dí, non sé por qual guisa, la alma al peccado:
Agora lo entendo que fiz mal mercado.

773   Sennora venedicta, reina coronada,
Que siempre fazes preces por la gent errada,
Non vaya repoyado io de la tu posada;
Si non, dizrán algunos que ia non puedes nada.

774   Sennora, tú que eres puerta de paraisso,
En qui el Rei de gloria tantas bondades miso,
Torna en mi, Sennora, el to precioso viso,
Ca so sobeia guisa del mercado repiso.

775   Torna contra mi, Madre, la tu cara preciosa,
Faceslo con derecho si me eres sannosa:
Non vaia más a mal que es ida la cosa:
Torna sobre Teofilo, Reina Gloriosa."

776   Quarenta dias sóvo en esta contencion,
Sufria dias e noches fiera tribulacion,
De al non li membrava si de esto solo non:

---

771 c   *valas*, 'ayuda, ampara'.
773 c   *repoyado*, 'repudiado'.
774 b   *miso*, 'puso'.

Clamar a la Gloriosa de firme corazon.

777   Plogol al Rei del cielo al quarenteno dia,
Contendiendo Teofilo en su tesureria:
Apareciól de noche Sancta Virgo Maria,
Dissoli fuertes bierbos com qui con fellonia.

778   Dissoli: "¿En qué andas, omne de auze dura?
Sobre yelo escribes, contiendes en locura,
Harta so de tu pleito, dasme grand amargura,
Eres muy porfidioso, enoias sin mesura.

779   Fazes peticiones locas e sin color,
A nos as denegados, busquest otro sennor:
Don renegado malo de Iudas mui peor,
Non sé por ti quí quiera rogar al Criador.

780   Io verguenza avria al mi Fijo rogar,
Non seria osada la razon empezar:
Al que tu deneguesti e busquesti pesar
Non nos querrá oir ni a ti perdonar."

781   "Madre, —disso Teofilo— por Dios e caridat
Non cates al mi merito, cata a tu bondat:
De quanto que tu dizes, todo dizes verdat,
Ca so suzio e falso, pleno de malveztat.

---

777 b *tesureria*, 'empeño, tesura, porfía'; compárese: "e
tu aun contendes en mala tesura." *Alexandre, M.*, 1508 d.—
d *bierbos*, 'palabras'.

778 a *auze dura*, 'mala ventura, mala suerte'; "auçe",
"abze", lo mismo que "aue", derivan su significación de las
predicciones que los agoreros sacaban del vuelo de las aves.

782 Repiso so, Sennora, válame penitencia,
Essa salva las almas, tal es nuestra creencia,
Essa salvó a Peidro que fizo grand fallencia,
E lavó a Longino de mui grand violencia.

783 La sancta Magdalena, de Lazaro ermana,
Peccadriz sin mesura, ca fue muger liviana,
Esso misme te digo de la Egipciana,
Essa sanó a ambas la que todo mal sana.

784 Davit a colpe fizo tres peccados mortales,
Todos feos e sucios, e todos principales,
Fizo su penitencia con gémitos corales,
Perdonóli el Padre de los penitenciales.

785 Pueblos de Ninive que eran condenados,
Fizieron penitencia plorando sus peccados:
Los fallimentes todos fueronlis perdonados:
Muchos serien destructos que fueron escusados.

786 Esta razon, Sennora, tuia es de veer,
Faziendo penitencia, si me deve valer;
Madre, si tu quisiesses e fuesse tu plaçer,
En mi esti iudizio non devie perecer."

787 Calló elli con tanto, fabló Sancta Maria,
Disso: "Traes, Teofilo, rebuelta pleitesia:

---

783 b *peccadriz,* 'pecadora'; véase 572 *c.*
784 c *corales,* 'cordiales, del corazón', según **Sánchez y**
Lanchetas.
785 a *pueblos,* 'gentes'; véase 698 *a.*

Bien lievé la mi fonta, bien la perdonaria;
Mas a lo de mi Fijo bien non treveria.

788   Maguer que me neguesti, fezisti sucio fecho,
Quierote conseiar de conseio derecho,
Torna en el mi Fijo ca te tiene despecho,
Ca se tiene de ti que fue mui mal trecho.

789   Ruegalo bien de firme con mui grand femencia,
Deniega al diablo, confirma tu creencia,
Mucho es piadoso e de gran conocencia,
El mata, él vivifica, ca es de tal potencia."

790   "Madre, —disso Teofilo— siempre seas laudada,
Pascua fue e grand dia quanto tu fuisti nada,
Mucho es la mi alma con esto confortada,
Trae la tu palabra melezina provada.

791   Io no lo osaria al tu Fijo rogar,
Por mi ventura mala busqueli grand pesar,
Pero fio en elli como devo fiar,
E quiero mi creencia a ti la demostrar.

792   Creo que un Dios es, e que es Trinidat,
Trinidat en personas, una la deidat,
Non a ennas personas nulla diversidat.
Padre, Fijo e Spiritu unos son de verdat.

793   Creo de Iesu Cristo enna encarnacion,

---

790 b *nada,* 'nacida'.

Que nació de ti, Madre, por nuestra redemcion,
Predicó el Evangelio, dessent príso passion,
En el dia tercero fizo resurection.

794   Creo bien firmemientre la su ascension,
Que envió la gracia, la de consolacion:
Creo la postremeria regeneracion,
Quando buenos e malos prendan el galardon.

795   Madre, todo lo creo: so ende bien certano,
Quanto que Cristo manda creer a cristiano;
Mas so en grant verguenza, en miedo soveiano,
Ca fui, mi Sennora, contra él mui villano.

796   A mal ome e suçio e mal testimoniado,
Non me querrá oir, ca non es aguisado:
Madre, tanto lo temo, iria repoiado,
Fincaria nuestro pleito mucho empeorado.

797   Si bien a de seer o me quieres prestar,
Tu as en este pleito, madre, a travaiar:
Otro procurador non me mandes buscar,
Ca porque lo buscasse no lo podrie trovar.

798   Tu eres pora todo, grado al Criador
Por rogar al tu Fijo, tu Padre, tu Sennor;
Quequier que tu mandes e ovieres sabor,

---

794 c Quizás haya que corregir: "creo en la postremera regeneración"; Sánchez y Janer añadieron "la" después de "postremeria".

798 c *ovieres sabor*, 'desees'.

Todo lo fará él de mui buen amor.

799   Lo que nunqua fezist en otro peccador,
Non sea en Teofilo, por el nuestro Sennor:
Torname en la gracia de la tu sancta flor,
La flor que tu pariste sin tacha, sin dolor.

800   Sennora benedicta, reina principal,
Aun en tu osança quierote dezir al:
Si non cobro la carta que fici por mi mal,
Contaré que non so quito del mal dogal."

801   Disso Sancta Maria: "Don suçio, don maliello,
La carta que fecisti con el tu mal caubdiello,
E desent la seellest con el tu proprio seiello,
En el infierno iace en chico reconciello.

802   Non querria el mi Fijo por la tu pletesia,
Descender al infierno, prender tal romeria,
Ca es logar fediondo, fedionda confradria:
Solo en so meterllo serie grant osadia."

803   "Sennora benedita entre todas mugieres,
Bien lo querrá tu Fijo lo que tú bien quisieres:
Todo te lo dará lo que tú bien pidieres,
A mi verná la carta si tú savor ovieres.

804   Doquiere que la tenga el diablo metida,
Solo que él lo quiera luego será rendida:

---

800 b *tu osança*, 'tu atrevimiento'; se refiere a la osadía de
interceder la Virgen ante Cristo en favor de Teófilo.

Sennora, que de todos eres salut e vida,
Non puedo más rogarte, non se más que te pida."

805 Dissol Sancta Maria, buen confuerto privado:
"Finca en paz. Teofilo, veote bien lazrado:
Iré io, si pudiero recabdar el mandado:
Dios lo mande que sea ayna recabdado."

806 La Madre benedicta esta razon tractada,
Tollióseli delante, non pudio veer nada;
Pero la voluntat teniala confortada,
Ca es el solaz suyo melezina provada.

807 Si ante fue Teofilo de grand devocion,
Mucho fue depues de maior conpuncion:
Tres dias e tres noches sóvo en oracion,
Nin comió, nin bebió, nin exió de lection.

808 Semeiavan sus oios dos fuentes perennales,
Feria con su cabeza en los duros cantales,
Sus punnos en sus pechos davan colpes tales,
Dizia: "¡Valasme, Madre, como a otros vales!

809 Valasme, Madre Sancta, oy los mis clamores,
Que fazes cosas tales e otras más maiores:
Tu sabes la mi cuita, entiendes mis dolores,
Non me oblides, Madre, solaz de peccadores."

805 a *confuerto*, 'alivio'.
808 b *cantales*, 'piedras'.

810   Mucho lazró Teofilo en este triduano,
Iaziendo en la tierra, orando mui cutiano:
Nunqua en tantos dias lazró nul cristiano;
En cabo su lazerio non li cayó en vano.

811   La Reina de gloria Madre Sancta Maria
Visitólo de cabo en el tercero dia:
Adusoli saludes nuevas de alegria,
Quales. querria tod omne que iaz en enfermeria.

812   "Sepas, —disso— Teofilo, que las tus oraciones,
Los tus gémitos grandes, las tus aflictiones,
Levadas son al cielo con grandes processiones,
Levaronlas los angeles cantando dulzes sones.

813   Es de la tu fazienda el mi Fijo pagado,
El tuerto que fizisti aslo bien emendado:
Si bien perseverares como as empezado,
Tu pleito es bien puesto e mui bien recabdado.

814   Io fablé en tu pleito de toda voluntat,
Finqué los mis enoios ante la magestat,
A te Dios perdonado, fecha grand caridat,
Conviene tú que seas firme en tu bondat."

815   "Madre, —disso Teofilo— de Dios, nuestro sennor,
Por ti me viene esto, bien so ent sabidor:
Quitas de mal iudizio un alma peccador,

---

810 a   *triduano,* 'tres días'.— c *tantos;* el ms. Ibarreta:
"tandos", y así leyeron Sánchez y Janer.

Que iazria en infierno con Iudas el traidor.

816   Pero con todo esto que tú as recabdado,
Aun non me seguro, nin seo bien pagado,
Hasta vea la carta e cobre el dictado,
La que fiz quando óvi al tu Fijo negado.

817   Madre, sí yo oviesse la cartiella cobrada,
E dentro en un fuego la oviesse quemada,
Siquiere luego muriesse, yo non daria nada,
Ca mal está mi alma, Sennora, enredada.

818   Madre, bien sé que eres dest pleito enoiada:
Mas si tú me falleces non me tengo a nada: ·
Sennora, tú que esta cosa as empeçada,
Fazme render la carta, será bien recabdada."

819   "Non fincará por eso, —disso la Gloriosa—
Non finque por tan poco empeçada la cosa."
Tollióseli delante la Reyna preciosa,
Fue buscar esta carta de guisa presurosa.

820   Alegróse Teófilo que iazie quebrantado,
Non era maravella, ca iazie muy lazrado:
Tornó en su estudio, el que avie usado.
Nunqua fué en est sieglo confesor más penado.

---

817 c *siquiere*, 'aunque'.
818 d *render*, 'devolver'.
819 b *empeçada*, 'empecida, perjudicada': "si cuando abrieren aquella pesquisa fallaren los dichos dubdosos, o enpezados o rebueltos de manera que non los puedan entender bien, los pueden otra vez llamar." *Espéculo*, pág. 217.

821   Tornó en su estudio, en fer su penitencia,
En comer, en bever tener grand abstinencia,
Tenie enna Gloriosa toda la su creencia,
Que li darie por ella Dios la su bien querencia.

822   En la noche tercera iazie él adormido,
Ca sufrie grand martirio, avie poco sentido:
Vino la Gloriosa con recabdo conplido,
Con su carta en mano, queda e sin roydo.

823   La esposa de Cristo ponçella e parida
Echóiela de suso, dioli una ferida:
Recudió don Teofilo, tornó de muert a vida,
Tróvó en su regaço la carta mal metida.

824   Con esto fue Teofilo alegre e loçano
Que veye la cartiella tornada en su mano:
Alli tóvo que era de la fiebre bien sano:
Apretó bien la carta, cumplió su triduano.

825   El confesor Teofilo ovo grand alegria
Quando tovo la carta en su podestadia:
Rendió gracias a Cristo e a Sancta Maria,
Ca ella adovara toda su pleitesya.

826   Diçie: "Sennora buena, siempre seas laudada:
Siempre seas bendicha, siempre glorificada,

---

823 a *poncella*, 'virgen, doncella'; véase 117 *c*.— **d** *mal metida*, 'escrita con mal, mal dada'.
825 b *podestadia*, 'poder'.

Pora los peccadores eres buena provada,
Qual nunqua nació otra tan dulz nin tan uviada..

827   Siempre seas bendicha, el tu fructo laudado,
Sancto es el tu nomne, mas el suyo medrado:
Tu me saquesti, Madre, del pozo diablado,
Do siempre sine fine iazria enfogado.

828   Sennora benedicta, Madre Sancta Maria,
Quanto te lo gradesco dezir no lo podria:
Madre, tú me da seso, saber e connocia,
Por ond laudarte pueda, ca mucho lo querria.

829   Reina poderosa de los fechos onrrados
Que siempre te travaias en salvar los errados,
Tú me gana, Sennora, perdon de los peccados,
Que laude digna mientre los tus bienes granados.

830   Madre del Rei de Gloria, por la tu piadat,
Alimpia los mis labros e la mi voluntat,
Que pueda digna mientre laudar la tu bondat,
Ca as sobre mí fecha sobra gran caridat."

831   Otro dia mannana que cuntió esta cosa,
Que adusso la carta la Madre gloriosa,
Era dia domingo, una feria sabrosa,

---

826 d   *uviada*, 'socorredora'.
828 c   *connocia*, 'conocimiento'; véase 54 *a*.
830 d   *sobra grand*, 'muy grande': "sobra grant desmesu-
ra." *Sacrificio*, 75 *b*. Esta composición de dos adverbios tiene
otras formas distintas: "sobra bien". "sobra mucho".

En qui la gent cristiana toda anda gradosa.

832   Vino el pueblo todo à la misa oir,
Prender pan benito, el agua recebir,
Queriela el obispo de la villa dezir,
Querie el omne bono so ofizio complir.

833   El confesor Teofilo, un lazrado cristiano,
Fue pora la eglesia con su carta en mano,
Posóse a los pies del buen missacantano,
Conffessó su proceso tardio e temprano.

834   Fizo su conffession pura e verdadera
Cómo fizo su vida de la edat primera:
Desend cómo un dia lo sacó de carrera
Que lo fizo cegar de estranna mannera.

835   Cómo fue al iudio, un trufán renegado,
Cómo li dió coseio suzio e desguisado,
Cómo con el diablo ovo pleito taiado,
E cómo fue por carta el pleito confirmado.

836   Cómo por la Gloriosa cobró aquel dictado
El que con su seyello oviera seellado:
Non dessó de dezir menudo nin granado
Que non lo disso todo, porque avie pasado.

837   Demostróli la carta que en punto tenia,
En que toda la fuerça del mal pleito iazia:

---

833 d *tardio e temprano*, es decir, su venta al diablo y su
arrepentimiento.
835 c *pleito*, 'convenio.

Sanctigóse el bispo que tal cosa veya:
Tanto era grand cosa que abés lo creya.

838   Ite missa est dicha, la missa acabada,
Era toda la gent por irse saborgada:
Fizo signo el bispo con su mano sagrada,
Fincó la gent toda como seye posada.

839   "Oid, —dixo— varones, una fiera azanna,
Nunqua en est sieglo la oiestes tamanna,
Veredes el diablo que trae mala manna,
Los que non se le guardan, tan mal que los enganna.

840   Este nuestro canonigo e nuestro compannero
Moviólo su locura, un falso conseiero:
Fue buscar al diablo sabidor e artero
Por cobrar un officio que toviera primero.

841   Sópolo engannar el falso traidor:
Dissoli que negasse a Cristo su sennor,
E a Sancta Maria que fue buena seror,
E tornar lo ye luego en toda su onor.

842   Otorgóielo esti mesquino peccador,
Fizo con él su carta, esto fué lo peor,
Con su seyelo misme robró essa labor:
De tal amigo guardenos Dios nuestro sennor.

---

838 b   *saborgada,* 'lleno de sabor, de deleite'; véase *Dicc.*
Acad.
842 c   *robró,* 'corroboró, confirmó'.

843   Dios que siempre desea salut de peccadores,
Que por salvar a nos sufrió grandes dolores,
Non quisso que granassen esas tales lavores,
Ca eran barvechadas de malos lavradores.

844   Si la Virgo gloriosa nol oviesse valido.
Era el azedoso fiera mientre torcido;
Mas la su sancta gracia a lo ya acorrido,
A cobrada la carta, si non fuera perdido.

845   Io la tengo en punno, podedes la veer,
Esto non iaze en dubda, devedeslo creer,
Onde debemos todos a Dios gracias render,
E a la Sancta Virgo que li dennó valer."

846   Rendieron todos gracias, mugieres e varones,
Fizieron grandes laudes e grandes processiones,
Plorando de los oios, diziendo oraciones
A la Madre Gloriosa buena todas sazones.

847   El Te Deum laudamus fue altament cantado,
Tibi laus, tibi gloria fue bien reyterado:
Dizien Salve Regina, cantavanla de grado,
Otros cantos dulzes de son e de dictado.

848   Desent mandó el bispo fazer muy grand foguera,
Veyendolo el pueblo que en la eglesia era,
Echó aquesta carta dentro en la calera:

---

844 b   *azedoso,* 'amargado, desventurado'.
848 c   *calera,* 'fuego, hoguera'.

Ardió, tornó cenisa pargamino e cera.

849 Desque el pueblo ovo tenido su clamor,
La carta fo quemada, gracias al Criador:
Reçibió Corpus Domini el sancto conffesor,
Veyendolo el pueblo que seye derredor.

850 Adiesso que Teofilo, un cuerpo martiriado,
Reçibió Corpus Domini e fue bien conffesado,
Fue a oio del pueblo de claridat cercado,
Un resplandor tan fiero que non serie asmado.

851 Fue el pueblo certero que era omne santo,
E era grant merito por qui fazia Dios tanto,
E Dios que lo cubria de tan precioso manto,
E prendie el diablo en ello grand quebranto.

852 Reluzie la su cara, tales rayos echaba,
Com la de Moyses quando la ley portava,
O como San Andres quando en la cruz estava:
El Criador en esto pocca onrra nol daba.

853 Quando esto veyeron los pueblos e las gentes,
Que ixien de su cara táles rayos luzientes,
Cántaron otras laudes, otros cantos rezientes:
En laudar la Gloriosa todos eran ardientes.

854 Aturó bien Teofilo en su contemplaçion,
Nol movió vana gloria nin cogió elacion,

---

850 a *adiesso,* 'en seguida'.
854 a *aturó,* 'perseveró, perduró'.— b *elaçion,* 'soberbia'.

Tornó a la eglesia do vio la vision,
Nunqua fue más devoto en ninguna sazon.

855   Entendió el bon ome, Dios lo fizo certero,
Que li vinie bien cerca el dia postremero:
Partió quanto avia, non li fincó dinero,
Diolo todo a pobres, fizo buen semencero.

856   Pidió culpa a todos los de la vezindat,
Perdonaronle todos de buena voluntat:
Besó mano al bispo, fizo grand honestat.
Finó al terçer dia, fizol Dios piadat.

857   Tres dias solos vísco desque fue comulgado,
Desque el cartelario fue cenisa tornado:
Murió enna eglesia do fuera visitado,
Fue en est logar misme el cuerpo soterrado.

858   Assin finó Teofilo el buen aventurado:
El yerro que fiziera, Dios sea ent laudado,
Bien lo emendó todo, fizo a Dios pagado,
Valiendol la Gloriosa, la que aya buen grado.

859   Sennores tal miraclo qual avemos oido,
Non debemos por nada echarlo en oblido:
Si non, seremos todos omnes de mal sentido,
Que non avemos seso natural nin complido.

860   Assi lo diz Sant Paulo el buen predicador

855 d *semencero*, 'siembra'.

Que fue leal vasallo de Dios nuestro Sennor,
Que todas las leyendas que son del Criador,
Todas salut predigan del omne peccador.

861   Nos en esto podemos entender e asmar,
Quanto val penitencia a qui la save guardar:
Si non fuesse por ella, podedeslo iurar,
Que fuera don Teofilo ido a mal logar.

862   Si la Madre gloriosa que li dennó valer,
Essa nol entendiesse, no le vernie valer;
Mas qui a mi quisiere escuchar e creer,
Viva en penitencia, puede salvo seer.

863   Amigos, si quisiesedes vuestras almas salvar,
Si vos el mi conseio quisieredes tomar,
Fech confession vera, non querades tardar,
E prendet penitencia, pensatla de guardar.

864   Quieralo Jesu Cristo e la Virgo gloriosa,
Sin la qual non se faze ninguna buena cosa,
Que assi mantegamos esta vida lazrosa,
Que ganemos la otra durable e lumnosa.

                              Amén

865   La Madre Gloriosa de los çielos reyna,
La que fue a Teofilo tan prestable mediçina,
Ella nos sea guarda en esta luz mezquina,

---

863 c   *fech,* 'haced'.

Que caer non podamos en la mala ruina.

Amén

866   Madre, del tu Golzalvo sey remembrador,

Que de los tos miraclos fue dictador:

Tu fes por él, Sennora, prezes al Criador.

Ca es tu privilegio valer al peccador.

Tu li gana la gracia de Dios nuestro Sennor.

Amén

---

866   Otra estrofa de cinco versos, como la 99.— o *fes*, 'haz' : el ms. Ibarreta tiene sobre esta palabra un borrón de tinta que impide leerla bien.

XXV. La iglesia robada

⁸⁶⁷ Aun otro miraclo vos querria contar
Que fizo la Gloriosa, non es de oblidar:
Fuent perenal es ella de qui mana la mar,
Que en sazon ninguna non cessa de manar.

⁸⁶⁸ Bien creo que qui esti miraclo oiere,
No li querrá toller la toca que cubriere:
Ni li querrá toller por fuerça lo que toviere,
Menbrarle deve esto de mientre que visquiere.

⁸⁶⁹ En el tiempo del rey de la buena ventura
Don Ferrando por nomne, sennor de Estremadura,
Nieto del rey Alfonso, cuerpo de grand mesura,
Cuntió esti miraclo de mui grand apostura.

⁸⁷⁰ Movieronse ladrones de parte de Leon,
De essa bispalia, de essa region,
Vinieron a Castiella por su grand confusion,
Guiólos el diablo que es un mal guion.

---

869 b *Don Ferrando*, 'Fernando III el Santo'.
870 d *guion*, 'guía'; véase 32 *b*.

871　　El uno era lego, en duro punto nado,
　　　El otro era clerigo del bispo ordenado,
　　　Llegaron en Çohinos, guiólos el peccado,
　　　El que guió a Iudas fazer el mal mercado.

872　　De fuera de la villa, en una rellanada
　　　Sedie una eglesia non mucho aredrada:
　　　Cerca de la eglesia una ciella poblada,
　　　Morava en la ciella una toca negrada.

873　　Barruntaron la cosa estos ambos ladrones,
　　　Movieronse de noche con sennos açadones,
　　　Desquizaron las puertas, buscaron los rencones,
　　　Bien entendien que era la ciella sin varones.

874　　Pobre era la freira que mantenie la ciella,
　　　Avie magra sustancia, assaz poca ropiella;
　　　Pero avie un panno, era cosa boniella,
　　　Pora mugier de orden cubierta apostiella.

875　　Lo que fue en la ciella fue todo abarrido,
　　　Malamient maneado en un saco metido.

---

871 a *en duro punto nado*, 'en mala hora nacido'.— c *Çohi-
nos*, hoy Ceinos (Valladolid). La *Prim. Crón. Gral.* cita también
Çafinos, pág. 719. *El peccado*, 'el Demonio'.

872 d *toca negrada*, 'monja'. Así llama Berceo también a
Santa Oria, copla 21.

874 a *freira*, 'monja'.— d *mujer de orden*, 'religiosa'.— *cu-
bierta*, 'paño'.— *apostiella*, diminutivo de "apuesto": "era un
logarejo por verdat apostiello." *Alexandre*, M., 888.

875 b *maneado*, 'manejado': "¿O son tos dineros... que solies
manear y a menudo contar?" *Disputa del alma y el cuerpo*, 29.

Assaz era el lego omne de mal sentido,
Mas de peor el clerigo que más avie leido.

876 Quando lo de la ciella todo fue embasado,
Todo valdrie bien pocco de aver monedado,
Asmaron los astrosos ministros del peccado
Que iazia el pro todo en la glesia cerrado.

877 Fue con los azadones la cerraia rancada,
Desquizadas las puertas, la eglesia robada,
De quanto que y era non remaneció nada:
Fazien grand sacrilegio por ganancia delgada.

878 Despoiaron las sabanas que cubrien el altar,
Libros e vestimentas con que solien cantar:
Fue mal desvaratado el precioso lugar,
Do solien pecadores al Criador rogar.

879 Quando ovieron fecha esta tan grant locura
Alçaron contra suso amos la catadura,
De la Virgo gloriosa vieron la su figura
Con su ninno en brazos, la su dulz creatura.

880 Tenie en la cabeza corona mui onrrada,
De suso una impla blanca e mui delgada,
A diestro e a siniestro la tenie bien colgada,
Asmaron de toller iela, mas non ganaron nada.

876 d *glesia*, 'iglesia'.
877 c *remaneció*, 'quedó'.-- d *delgada*, 'escasa'.
879 b *catadura*, 'mirada'.
880 b *impla*, 'velo'.

881   Argudóse el clerigo e fizose más osado,
Ca en cosas de eglesia él era más usado:
Fuel travar de la toca el mal aventurado,
Ca con esso avrien su pleito acabado.

882   Tovose la Gloriosa que era afontada,
Que tan villana mientre la avien despoiada,
Mostró que del servicio non era mui pagada:
Nunqua veieron omnes toca tan querellada.

883   Luego que de la toca travó el mal fadado,
Pegóseli tan firme en el punno cerrado
Que con englut ninguno non serie tan travado,
Nin con clavo que fuesse con martiello calcado.

884   Perdieron la memoria, ca bien lo merecieron,
El lego e el clerigo tod el seso perdieron,
Fueron pora la puerta, fallar no la podieron,
Andavan en radío los que por mal nacieron.

885   De lo que avien príso non se podien quitar,
Ya lo querrien de grado, si podiessen dexar,
Dexarlo yen de grado, no lo querrien levar;
Mas do era la puerta, no lo sabien asmar.

886   Andavan tanteando de rencon en rencon,

---

881 a *argudose,* 'se precipitó': "ante que fuesse el braço al cuerpo decendido argudós Filotas baron entremetido." *Alexandre, M.,* 933.

883 d *calcado,* 'clavado'.

884 d *radio;* véase 646 c.

Como fazia Sisinnio el celoso varon,
Marido de Teodora mugier de grand cancion,
La que por Clemens Papa príso religion.

887   Los locos malastrugos de Dios desemparados
Andavan como beudos todos descalavrados:
Oras davan de rostros, oras de los costados,
De ir en romeria estavan mal guisados.

888   La freyra, con la pérdida que avie recibida,
Issió como que pudo ont iazie escondida:
Metió voces e gritos, fue luego acorrida,
La yent más liviana adiesso fue venida.

889   Fueron luego venidos grand turma de peones;
Entraron en la eglesia, trovaron los ladrones,
Manentraron los luego como vinien fellones,
Darles grandes feridas con mui grandes bastones.

890   Davanles grandes palos e grandes carrelladas,
Coces muchas soveio e muchas palancadas;
Levavan por los cuerpos tantas de las granadas
Que todas las menudas les eran oblidadas.

891   Fizieronlis dezir toda la pleytesia,
De qual tierra vinieron o por qual romeria,
E como los avie prísos Sancta Maria,

---

887 a *malastrugos*, 'desgraciados'.— b *beudos*, 'beodos'.
889 a *turma*, 'cuadrilla, grupo'; véase · 596 *a*.— c *manen-
traron*, 'acometieron'. Sánchez y Janer leyeron "manetraron".
890 b *palancadas*, 'golpes de palo o palanca'; véase 478 *a*.

Por que li abien fecha ellos grand villania.

892   Ante de los albores fueron bien recabdados,
Quando el sol isió, fallólos bien domados,
Dizienles los omnes traidores provados,
Que contra la Gloriosa fueron tan denodados.

893   Luego las misas dichas, plegóse el conceio,
Todos avien sabor de ferlis mal treveio,
Sobre el lego cativo prisieron mal conseio,
Alçaronlo de tierra con un duro venceio.

894   Un calonge devoto de mui sancta vida,
Que tenie so amor en Dios bien encendida,
Quando vio la toca con la mano cosida,
Dizie que tal justicia nunqua non fue oida.

895   Quiso el omne bono de la toca travar,
En vez de la Gloriosa, en su velo vesar;
Mas al cristiano bono quisolo Dios onrrar,
Despegóse la toca adiesso del pulgar.

896   End a poccos dias Dios lo quiso guiar,
Acaeció que vino el bispo al lugar,
Aduxieron el clerigo por ielo presentar,
Veer sil mandarie o tener o soltar.

---

892 a   *ante de los albores*, 'antes del amanecer'.
893 b   *treveio*, 'juego'.— d *venceio*, 'vencejo, atadura'; véan-
se *Dicc. Acad.* y ALONSO DE PALENCIA, *Vocabulario*, fol. 264:
"manipulus es manojo o moutón de feno o de otra yerua o de
paia que se puede tomar con la mano, y es vençeio o atadura o
el mesmo obrero que ata el manoio."

897 Adussieron el clerigo las manos bien legadas,
Los ombros bien sovados de buenas palancadas,
Dixieronle las nuevas de las sus trasnochadas,
Cómo facie las cosas que Dios avie vedadas.

898 Confessóse él misme con la su misme boca,
Toda su pleitesia, su mantenencia loca,
Cómo a la Gloriosa despoiaron la toca:
Nunqua fizieron cosa de ganancia tan poca.

899 Prísolo el obispo, levólo a Leon,
Manos atras atadas a ley de ladron:
Quantos que lo veien e sabien la razon,
Diçien: "Dios lo confonda a tan loco varon."

900 Non se tróvo el bispo livrar la pleytesia,
Demandó al concilio toda la clerecia:
Quando fueron plegadas al asignado dia,
Presentóles el clerigo, dissoles su follia.

901 Demandóles conseio qué le debien fazer
No le sopo ninguno a ello responder,
Sabie bien el obispo derecho connocer,
Quiso por su boca al clerigo vencer.

902 Dissol el bispo: "Clerigo, tu fezieste tan mal,
O qual todos te fazen, otorgaste por tal."
"Sennor, —disso el clerigo— mi padre spirital,

---

900 a *tróvo*, 'atrevió', pretérito de "trever".— **c** *plegadas*,
'llegadas'.

Contra la mi maleza nunqua fallé egual.

903   Quanto de mi te dizen todo es grand verdat,
Non te dizen el diezmo de la mi malveztat:
Sennor por Dios te sea e por la caridat,
Non cates a mi merito, mas cata tu bondat."

904   "Amigos, —diz el bispo,— esto es aguisado,
Non es nuestro el clerigo, nin de nuestro bispado:
Por nos non es derecho que sea condenado:
Iudguelo su obispo, su mercet, su peccado.

905   Por del obispo de Avila se es él aclamado,
Clamóse por su clerigo e de su obispado:
Iudgar ageno clerigo por ley es vedado,
Podria yo por ello depues seer reptado.

906   Mas pongo tal sentencia, que sea açotado,
Que si trovado fuere en todo est bispado,
Sea luego pendudo, en un arbol colgado:
El qui le perdonare sea descomulgado."

907   Nunqua más lo veyeron desque lo enviaron,
En todo el bispado nunqua lo testiguaron,
El miraclo nuevo fuermient lo recabdaron,
Con los otros miraclos en libro lo echaron.

908   Tú, Madre gloriosa, siempre seas laudada,

---

907 c *fuermient*, la forma corriente es "fuerte mientre";
véase MENÉNDEZ PIDAL, *Cantar*, pág. 698, que cita esta forma
de Berceo.

Que saves a los malos dar mala sorrostrada:
Sabes onrrar los buenos como bien ensennada,
Madre de gracia plena por ent eres clamada.

909   Los malos que vinieron a fontar la tu ciella
Bien los toviste prísos dentro en tu capiella:
Al bon omne que quiso vesar la tu toquiella
Bien suelta iela diste, como diz la cartiella.

910   Sennora benedicta, Reina acabada,
Por mano del tu fijo don Cristo coronada:
Libranos del diablo de la su çancaiada,
Que tiene a las almas siempre mala celada.

911   Tu nos guia, Sennora, enna derecha vida,
Tu nos gana en cabo fin buena e complida,
Guardanos de mal colpe e de mala caida,
Que las almas en cabo ayan buena essida.

Amén.

---

908 b   *sorrostrada,* 'acometida'; véase 624 c.
909 a   *fontar,* 'ultrajar'.

ÍNDICE

de las palabras explicadas en notas

astrosso, 193 *a.*
atenencia, 27 *a,* 50 *a,* 378 *a.*
aturó, 854 *a.*
auctoridat, 62 *b.*
auze, 778 *a.*
Ave, 80 *c.*
aventadero, 321 *a.*
aver, 430 *d;* aves, 190 *d;*
	ave, 23 *b;* ovieres, 798 *c.*
aver, 239 *b,* 559 *b.*
avés, 186 *b. Véase* abés.
azedoso, 844 *b.*
azúcar, 25 *c.*

bagassa, 161 *d.*
bailia, 706 *a.*
baldera, 674 *b;* baldrera, 423 *d.*
	Véase valderos.
báratro, 85 *d.*
barruntadores, 311 *c.*
batuada, 424 *c,* 556 *b.*
bavequia, 569 *c.*
beneito, 76 *a,* 453 *c.*
beudos, 887 *b.*
bien gent, 365 *c;* bien e gent,
	402 *d.*
bierbos, 777 *d. Véase* vier-
	vos.
bildur, 292 *d.*
bispalia, 712 *b.*
blago, 340 *d.*
boca-roto, 285 *b.*
burgés, 627 *a.*

ca. 61 *b,* 430 *d.*
cabdal, 651 *b.*
cabdalera, 330 *a.*
cabero, 136 *b,* 339 *a.*
cabezal, 482 *d.*
cabo, 186 *c,* 433 *b.*
cabtener, cabtenie, 368 *d;* cab-
	tenido, 633 *a.*
çaçurros, 647 *c.*

caecer, caecí, 2 *b;* caeció,
	700 *b.*
caer, cadie, 80 *b;* cadió, 81 *d.*
calanno, 159, *b,* 362 *d,* 609 *b.*
calcado, 39 *b,* 883 *d.*
calera, 848 *c.*
calonge, 67 *a.*
can traidor, 362, *a.*
cancellario, 107 *a.*
cantales, 808 *b.*
carona, 407 *d.*
carpellidas, 364 *a.*
carta firme, 740 *b.*
casares, 240 *b.*
cascuno, 27 *c.*
castigamientos, 708 *c.*
castigar, castigo, 534 *a;* cas-
	tigados, 576 *d.*
castigo, 451 *c,* 484 *d.*
catadura, 116 *d,* 357 *b,* 879 *b.*
catar, 121 *a;* catido, 507 *d.*
cativa, 92 *b.*
caubdales. 43 *d.*
caudal, 29 *c.*
cavalgada, 742 *c.*
cegaiosa. 416 *c.*
ceia, 505 *c.*
celó, 491 *d.*
cellero, 244 *b,* 333 *c,* 668 *d.*
cenpelló, 718. *b.*
cercos, 722 *c.*
cerquiella. 434 *a.*
cerresti, 119 *d.*
cevo, 35 *b.*
ciella, 166 *c,* 434 *c.*
cinta, 537 *c.*
claustero, 353 *b.*
cobdiçiaduero. 2 *d.*
cochura, 211 *c.*
codrada, 515 *c.*
colorados, 51 *c,* 89 *a.*
com, 86 *a.*
comedieremos, 54 *d.*

compannuela, 674 *b.*
complir, 476 *a;* complida, 60 *d.*
concilio, 65 *b.*
condesado, 694 *d.*
condido, 707 *d.*
condonado, 64 *b.*
conduchos, 699 *b.*
confuerto, 243 *c*, 805 *a.*
connocia, 54 *a*, 828 *c.*
connocientes, 128 *b.*
cononcia, 54 *a.*
consiment, 1 *b. Véase* cosiment.
contra, 144 *d.*
contrechos, 386 *b.*
convento, 138 *c.*
convivios, 698 *c.*
cor, 304 *d.*
corales, 784 *c.*
coronados, 24 *b*, 48 *c*, 414 *a*, 495 *a.*
corrotos, 404 *d.*
corso, 157 *d*, 436 *d.*
cosiment, 365 *a. Véase* consiment.
cras, 484 *b*, 584 *c.*
creendero, 308 *d.*
criado, 19 *c*, 354 *c.*
cubierta, 874 *d.*
cuempadre, 575 *b.*
cuestas, 478 *d*, 666 *o.*
cueta, 472 *b.*
cuidar, 127 *a;* cuidavan, 440 *b.*
cuita, 12 *c.*
cumbraies, 323 *b.*
cumpli, 177 *d.*
cuntir, cunte, 510 *d;* cumtió, 182 *d;* cuntiera, 104 *b.*
cutiano, 162 *b*, 220 *b.*
cuyo, 255 *a.*

chiquinez, 175 *b.*

dar, dartá, 484 *d;* dieronli salto, 103 *c.*
de iuso, 558 *d.*
de valde, 557 *b.*
debeces, 183 *c.*
decibido, 15 *c*, 558 *a.*
defension, 37 *b.*
delgada, 877 *d.*
delicio, 485 *b.*
denegrados, 403 *d.*
dennar, denna, 235 *d;* dennó, 75 *c.*
denosteos, 372 *d.*
deportar, 128 *b.*
depuerto, 337 *a.*
desarrar, desarró, 591 *b:* desarrado, 95 *a*, 226 *a*, 401 *c.*
desarro, 438 *b.*
descuiado, 91 *d.*
desessado, 193 *a.*
desmarrido, 125 *a.*
desmedrido, 696 *a.*
despuiar, 560 *c.*
dessar, dessarsie, 494 *d;* déssateme, 488 *c.*
dessent, 94 *d*, 192 *c.*
dessierven, 73 *d.*
destaiar, 141 *b;* destaiaron, 184 *d*, 335 *d.*
deviedo, 622 *d.*
dezmeros, 104 *d.*
dias, 577 *b.*
dicion, 181 *b.*
dictado, 31 *c.*
diezmos -as, 10 *b*, 235 *c.*
dinaradas, 478 *c.*
dinero, 9 *d.*
Dios, 613 *d.*
dissiero, 108 *c.*
diversorio, 552 *b.*
do, 81 *c.*
doblavan, 8 *a.*
doliosa, 572 *c.*

d'omne, 291 *a.*
domne, 103 *d;* domnos, 558 *c.*
don, 15 *b,* 168 *a.*
donosa, 25 *a.*
d'ora, 443 *c.*
dormitor, 78 *c.*
driz, 572 *c.*
duecha, 149 *a.*
dura, 753 *a,* 778 *a.*
duro punto, 871 *a.*

edat (séptima), 502 *d.*
edes (preciarlo), 625 *d.*
eguar, 67 *c.*
elacion, 854 *b.*
elli, 287 *d.*
embargado, 150 *c,* 507 *d.*
embellinado, 729 *a.*
emiente, 390 *b.*
empeçada, 819 *b.*
empedecieron, 505 *d.*
empresto, 638 *c.*
enbebdose, 463 *c.*
encalzar, 380 *d.*
enclin. 76 *d.*
encontrado. 186 *b,* 474 *b.*
encorado, 213 *a.*
encreido, 631 *b,* 672 *c.*
end, 90 *d.*
enfirieron, 83 *d.*
enfogar, enfogosse, 81 *d;* en-
    fogado, 72 *d.*
engendrados, 334 *c.*
enna, 40 *a.*
enoios, 77 *b,* 339 *b.*
entencia, 208 *b,* 573 *a.*
entergado, 671 *d. Véase* en-
    tregó.
entorpado, 79 *d.*
entrega, 53 *d.*
entregó 267 *a. Véase* enter-
    gado.
entro, 242 *c,* 368 *d,* 596 *c.*

erecho, 284 *c.*
errados, 623 *b.*
erveia, 505 *d.*
ervolado, 340 *c.*
erzió, 655 *b.*
es, 472 *c,* 532 *b.*
escalentado, 466 *a.*
escapulados, 495 *a.*
escrinno, 695 *c.*
escripso, 182 *c.*
escriptura, 145 *a.*
esmerada, 36 *c.*
espendie, 627 *c.*
estendieron, 598 *b.*
estorcer, 447 *a;* estorció, 365 *c.*
estordido, 178 *b,* 364 *d,* 464 *b.*
estui, 674 *d.*
exida, 80 *a.*
exir. *Véase* issie.
exilio, 286 *b.*

façero, 314 *d.*
fallesziero, 527 *c.*
fallieres, 652 *c.*
fallimiento, 105 *d.*
famnientos, 708 *a.*
far, 398 *c.*
fascas. *Véase* hascas.
fe que devedes, 294 *a,* 486 *a.*
fech. *Véase* fer.
fellon, 34 *d.*
femencia, 27 *b,* 50 *c.*
femna, 405 *d.*
fer, 88 *c;* fes, 866 *c;* ferme
    an, 525 *d;* fech, 863 *c.*
fera mient, 101 *b.*
ficança, 18 *b.*
fiel, 36 *c.*
figo, 341 *d.*
fina, 129 *d.*
fisico, 761 *b.*
flabello, 324 *c.*
fol -es, 89 *b,* 193 *c.*

follia, 77 *d.*
fonda, 34 *c.*
fontano, 575 *b.*
fontar, 909 *a.*
forado, 213 *b.*
fornaz, 366 *a.*
fornicario, 78 *d.*
fossalario, 107 *d.*
foya, 620 *d.*
freira, 874 *a.*
freiría, 81 *d.*
fuera cuanto, 132 *c.*
fuermient, 907 *c.*
fuero, 658 *a..Véase* secr.
fulana, 170 *d.*
furciones, 132 *b.*
fust, 40 *a.*
fust, 124 *d. Véase* seer.

galardon, 74 *d. V.* gualardon.
galea, 593 *b*, 676 *b.*
galeador, 687 *a.*
gallos, 742 *b.*
gelo, 153 *b. Véase* ielo.
gent -a, 357 *d*, 365 *c*, 402 *d.*
gesta, 370 *d.*
giga, 9 *b.*
glera, 442 *b*, 674 *d.*
glesia, 876 *d.*
golliella, 155 *d.*
gorgueros, 155 *d.*
gradirá 189 *d.*
grado, 96 *c.*
grafios, 676 *b.*
granada -as, 478 *b*, 705 *a.*
gualardon, 56 *d.* **Véase** ga-
  lardon.
guardada, 32 *o.*
guarir, 543 *c;* guarido, 125 *b.*
guarnir, 741 *c.*
guion -a, 32 *b*, 870 *d.*
guis (a guis de), 676 *b.*
guizquios, 676 *b.*

hascas, 464 *c*, 644 *d.*
hava, 591 *d.*
hi, 4 *a. Véase* y.

i. 350 *c. Véase* y.
ieiunos, 765 *u.*
ielo, 67 *d.*
imos, 24 *d.*
iogamos, 17 *b.*
irado, 210 *d.*
issie, 79 *c;* issioli 72 *b;* is-
  trie 337 *d, de* exir.
impla, 320 *b*, 880 *b.*
iudezno, 355 *a.*
iuso, 83 *c*, 558 *d.*

landes, 726 *b.*
lazerio, 10 *b.*
lazramos, 390 *a.*
leal coronado, 48 *c*, 414 *a.*
lection, 41 *c.*
lectuarios, 162 *b.*
legaronli, 371 *c.*
lege, 75 *d.*
léida, 448 *d.*
li, 30 *c.*
livorado -a, 265 *a*, 383 *b.*
lozano, 67 *a*, 162 *d*, 594 *c.*
luenne, 110 *a.*
lugo, 111 *a.*
lumnera, 290 *c.*
lumnes, 490 *b.*

llecho, 695 *a.*
llegar. *Véase* plegar.

maestro, 2 *a*, 492 *a.*
maiuelo, 420 *c.*
maioral, 651 *a.*
mal metida, 823 *c.*
mala, 419 *a.*
malastrugado, 340 *a.*
malastrugo, 743 *d*, 887 *a.*

maleito -a, 217 b, 373 d.
malfetrias, 258 b, 424 d.
malgranada, 39 a.
malvaza, 593 c.
malveztat, 566 b.
man a mano, 12 a.
mançiella, 165 d.
maneado, 875 b.
manentraron, 889 c.
mano de rotero, 9 b.
mas plus, 718 b.
masiellas, 508 b.
matines, 82 a.
menge, 761 b.
merediana, 113 c.
merino, 581 d.
mesiello, 471 d.
mesnada, 154 a.
mestura, 49 d, 375 d.
meter, metien, 27 b; metida, 823 d; miso, 14 b, 774 b.
mi, 485 a.
mienna, 669 a.
milgranos, 4 b.
ministerio, 110 b.
mirazon, 37 d.
miso. Véase meter.
missacantano, 221 a.
mission, 301 d.
monedas, 4 c.
monedera, 290 b.
mongia, 76 a.
motes, 118 a.
mozos, 409 d.
mudado, 273 d, 628 d.
mueda, 727 b.
muedo, 29 a.
muesso, 622 d.
mujer de orden, 874 d.

nado -a, 569 a, 790 b, 871 a.
negrada, 872 d.

nocir, 156 a; nuçio... nuzo, 325 d.
nol, 42 b.
notario, 106 d.
nul, nulla, 11 c, 110 b.

oblidar, oblidé, 12 c; oblidada, 65 d.
ocasion, 163 b, 592 a.
ocasionada, 720 a.
oi, 349 b.
oir, odí, 7 b. Véase udieron.
oios, 598 b.
ol, 84 a.
onçeias, 364 b.
or, 44 a, 257 b.
ora, 443 c, 753 a.
oraie, 589 b.
orden, 874 d.
ordio, 552 d.
organar, organan, 26 a; organamos, 43 d.
oriella, 591 a.
orrura, 283 b.
osança, 800 b.
ospedado, 405 c.
ostal, 57 c, 551 a.
ostalero, 353 c.
ovieres. Véase aver.

padir, 511 d.
pagada, 36 d, 589 b.
paladares, 240 a, 585 c.
palancadas, 478 a, 800 b.
palma, 603 b.
palmada, 408 a.
palomba, 36 c.
par, 292 d.
parcid, 566 c.
pares, 632 c.
passadas, 470 a, 563 c.
pastrijas, 647 c.
pastura, 49 b.

pavones, 321 c.

peccadriz, 572 c, 783 b.

pechar, pechavanli, 273 d; pechado, 392 d.

pelaza, 593 d.

pelcigos, 246 d.

pella, 86 a, 256 c.

penitenciales, 167 b.

peoravan, 388 b.

pepiones, 132 d. Véase pipiones.

perir, 435 d.

pero que, 10 a, 72 a, 465 a.

pescudes, 293 d.

piedes, 17 a.

piertega, 39 d.

piment, 699 a.

pinaza, 593 b.

pipiones, 372 a. Véase, pepiones.

plaga -as, 120 a, 211 a.

plan, 762 c.

plangores, 247 c.

plapóse, 538 c.

plazralis, 215 d.

plegar, plegó, 324 b; plegaron, 194 b, 616 b; plegadas, 900 c.

pleitesia, 512 d.

pleito, 594 c, 835 c.

plogol, 59 d.

plorando de los oios, 301 d.

plus, 150 d, 718 b.

pocaza, 593 a.

poder, podiero, 248 c; podio, 128 c; pudio, 78 c.

podestadia, 97 c, 825 b.

podestat, 236 d; podestades, 614 d.

ponçella, 823 a; ponzella, 117 b, 327 d.

pongades, 531 b.

poquelleio, 544 d.

por en, 422 d.

porcalzo 142 c.

porfazada, 513 d.

porfazo, 179 c.

poridat, 345 b.

porque, 365 a, 754 a.

portegado, 338 c.

preciarlo edes, 625 d.

precio, 627 b.

preda, 199 a.

premio, 297 c.

prenda, 250 d.

prendo prendis, 238 d.

prestar, 389 d, 500 a.

prima, 300 b, 674 a.

primiol, 242 b.

privado, 111 b.

prosa, 302 c, 697 c.

pudio. Véase poder.

pudor, 112 d.

pueblos, 698 a, 785 a.

puentes alzar, 142 b.

puies, 666 b.

puniente, 217 d.

puntero, 90 b.

punto, 8 b, 871 a.

putanna, 222 c.

qual, 94 d.

quequier, 191 b.

quesado, 226 c.

quessa, 531 b, 632 a.

qui, 250 d. 703 d.

quilma, 558 d.

quinta, 8 a.

quintana, 113 d.

quiquiere, 557 c.

quirolas, 700 c.

quisque, 82 c.

quisto, 264 c, 745 a.

quito -a, 77 d, 86 d, 165 d, 181 b.

ÍNDICE

ÍNDICE DE AUTORES

DE LA

COLECCIÓN CLÁSICOS CASTELLANOS